U0081519

心一堂術數古籍珍本叢刊

書名：滴天髓補註 附 子平一得
系列：心一堂術數古籍珍本叢刊 星命類 第二輯 126
作者：【民國】徐樂吾
主編、責任編輯：陳劍聰
心一堂術數古籍珍本叢刊編校小組：陳劍聰 素聞 梁松盛 鄒偉才 虛白盧主

出版：心一堂有限公司
通訊地址：香港九龍旺角彌敦道六一〇號荷李活商業中心十八樓〇五—〇六室
深港讀者服務中心·中國深圳市羅湖區立新路六號羅湖商業大廈負一層〇〇八室
電話號碼：(852)67150840
網址：publish.sunyata.cc
電郵：sunyatabook@gmail.com
網店：http://book.sunyata.cc
淘寶店地址：https://shop210782774.taobao.com
微店地址：https://weidian.com/s/1212826297
臉書：https://www.facebook.com/sunyatabook
讀者論壇：http://bbs.sunyata.cc/

版次：二零一五年十月初版
平裝

定價：港幣 一百四十八元正
人民幣 一百四十八元正
新台幣 五百九十八元正

國際書號：ISBN 978-988-8317-06-6
版權所有 翻印必究

香港發行：香港聯合書刊物流有限公司
地址：香港新界大埔汀麗路36號中華商務印刷大廈3樓
電話號碼：(852)2150-2100
傳真號碼：(852)2407-3062
電郵：info@suplogistics.com.hk

台灣發行：秀威資訊科技股份有限公司
地址：台灣台北市內湖區瑞光路七十六巷六十五號一樓
電話號碼：+886-2-2796-3638
傳真號碼：+886-2-2796-1377
網絡書店：www.bodbooks.com.tw
台灣國家書店讀者服務中心：
地址：台灣台北市中山區松江路二〇九號一樓
電話號碼：+886-2-2518-0207
傳真號碼：+886-2-2518-0778
網絡書店：http://www.govbooks.com.tw

中國大陸發行 零售：深圳心一堂文化傳播有限公司
深圳地址：深圳市羅湖區立新路六號羅湖商業大廈負一層〇〇八室
電話號碼：(86)0755-82224934

心一堂微店二維碼

心一堂淘寶店二維碼

心一堂術數古籍 珍本整理 叢刊 總序

術數定義

術數，大概可謂以「推算（推演）、預測人（個人、群體、國家等）、事、物、自然現象、時間、空間方位等規律及氣數，並或通過種種『方術』，從而達致趨吉避凶或某種特定目的」之知識體系和方法。

術數類別

我國術數的內容類別，歷代不盡相同，例如《漢書・藝文志》中載，漢代術數有六類：天文、曆譜、五行、蓍龜、雜占、形法。至清代《四庫全書》，術數類則有：數學、占候、相宅相墓、占卜、命書、相書、陰陽五行、雜技術等，其他如《後漢書・方術部》、《藝文類聚・方術部》、《太平御覽・方術部》等，對於術數的分類，皆有差異。古代多把天文、曆譜、及部分數學均歸入術數類，而民間流行亦視傳統醫學作為術數的一環；此外，有些術數與宗教中的方術亦往往難以分開。現代民間則常將各種術數歸納為五大類別：命、卜、相、醫、山，通稱「五術」。

本叢刊在《四庫全書》的分類基礎上，將術數分為九大類別：占筮、星命、相術、堪輿、選擇、三式、讖諱、理數（陰陽五行）、雜術（其他）。而未收天文、曆譜、算術、宗教方術、醫學。

術數思想與發展——從術到學，乃至合道

我國術數是由上古的占星、卜筮、形法等術發展下來的。其中卜筮之術，是歷經夏商周三代而通過「龜卜、蓍筮」得出卜（筮）辭的一種預測（吉凶成敗）術，之後歸納並結集成書，此即現傳之《易

經》。經過春秋戰國至秦漢之際，受到當時諸子百家的影響、儒家的推崇，遂有《易傳》等的出現，原本是卜筮術書的《易經》，被提升及解讀成有包涵「天地之道（理）」之學。因此，《易・繫辭傳》曰：「易與天地準，故能彌綸天地之道。」

漢代以後，易學中的陰陽學說，與五行、九宮、干支、氣運、災變、律曆、卦氣、讖緯、天人感應說等相結合，形成易學中象數系統。而其他原與《易經》本來沒有關係的術數，如占星、形法、選擇，亦漸漸以易理（象數學說）為依歸。《四庫全書・易類小序》云：「術數之興，多在秦漢以後。要其旨，不出乎陰陽五行，生尅制化。實皆《易》之支派，傳以雜說耳。」至此，術數可謂已由「術」發展成「學」。

及至宋代，術數理論與理學中的河圖洛書、太極圖、邵雍先天之學及皇極經世等學說給合，通過術數以演繹理學中「天地中有一太極，萬物中各有一太極」（《朱子語類》）的思想。術數理論不單已發展至十分成熟，而且也從其學理中衍生一些新的方法或理論，如《梅花易數》、《河洛理數》等。

在傳統上，術數功能往往不止於僅僅作為趨吉避凶的方術，及「能彌綸天地之道」的學問，亦有其「修心養性」的功能，「與道合一」（修道）的內涵。《素問・上古天真論》：「上古之人，其知道者，法於陰陽，和於術數。」數之意義，不單是外在的算數、歷數、氣數，而是與理學中同等的「道」、「理」－心性的功能，北宋理氣家邵雍對此多有發揮：「聖人之心，是亦數也」、「萬化萬事生乎心」、「心為太極」。《觀物外篇》：「先天之學，心法也。……蓋天地萬物之理，盡在其中矣，心一而不分，則能應萬物。」反過來說，宋代的術數理論，受到當時理學、佛道及宋易影響，認為心性本質上是等同天地之太極。天地萬物氣數規律，能通過內觀自心而有所感知，即是內心也已具備有術數的推演及預測、感知能力；相傳是邵雍所創之《梅花易數》，便是在這樣的背景下誕生。

《易・文言傳》已有「積善之家，必有餘慶；積不善之家，必有餘殃」之說，至漢代流行的災變說及讖緯說，我國數千年來都認為天災，異常天象（自然現象），皆與一國或一地的施政者失德有關；下至家族、個人之盛衰，也都與一族一人之德行修養有關。因此，我國術數中除了吉凶盛衰理數之外，人心的德行修養，也是趨吉避凶的一個關鍵因素。

術數與宗教、修道

在這種思想之下，我國術數不單只是附屬於巫術或宗教行為的方術，又往往是一種宗教的修煉手段--通過術數，以知陰陽，乃至合陰陽（道）。「其知道者，法於陰陽，和於術數。」例如，「奇門遁甲」術中，即分為「術奇門」與「法奇門」兩大類。「法奇門」中有大量道教中符籙、手印、存想、內煉的內容，是道教內丹外法的一種重要外法修煉體系。甚至在雷法一系的修煉上，亦大量應用了術數內容。此外，相術、堪輿術中也有修煉望氣（氣的形狀、顏色）的方法；堪輿家除了選擇陰陽宅之吉凶外，也有道教中選擇適合修道環境（法、財、侶、地中的地）的方法，以至通過堪輿術觀察天地山川陰陽之氣，亦成為領悟陰陽金丹大道的一途。

易學體系以外的術數與的少數民族的術數

我國術數中，也有不用或不全用易理作為其理論依據的，如揚雄的《太玄》、司馬光的《潛虛》。也有一些占卜法、雜術不屬於《易經》系統，不過對後世影響較少而已。

外來宗教及少數民族中也有不少雖受漢文化影響（如陰陽、五行、二十八宿等學說。）但仍自成系統的術數，如古代的西夏、突厥、吐魯番等占卜及星占術，藏族中有多種藏傳佛教占卜術、苯教占卜術、擇吉術、推命術、相術等；北方少數民族有薩滿教占卜術；不少少數民族如水族、白族、布朗族、佤族、彝族、苗族等，皆有占雞（卦）草卜、雞蛋卜等術，納西族的占星術、占卜術，彝族畢摩的推命術、占卜術……等等，都是屬於《易經》體系以外的術數。相對上，外國傳入的術數以及其理論，對我國術數影響更大。

曆法、推步術與外來術數的影響

我國的術數與曆法的關係非常緊密。早期的術數中，很多是利用星宿或星宿組合的位置（如某星在某州或某宮某度）付予某種吉凶意義，并據之以推演，例如歲星（木星）、月將（某月太陽所躔之宮次）等。不過，由於不同的古代曆法推步的誤差及歲差的問題，若干年後，其術數所用之星辰的位置，已與真實星辰的位置不一樣了；此如歲星（木星），早期的曆法及術數以十二年為一周期（以應地支），與木星真實周期十一點八六年，每幾十年便錯一宮。後來術家又設一「太歲」的假想星體來解決，是歲星運行的相反，週期亦剛好是十二年。而術數中的神煞，很多即是根據太歲的位置而定。又如六壬術中的「月將」，原是立春節氣後太陽躔娵訾之次而稱作「登明亥將」，至宋代，因歲差的關係，要到雨水節氣後太陽才躔娵訾之次，當時沈括提出了修正，但明清時六壬術中「月將」仍然沿用宋代沈括修正的起法沒有再修正。

由於以真實星象周期的推步術是非常繁複，而且古代星象推步術本身亦有不少誤差，大多數術數除依曆書保留了太陽（節氣）、太陰（月相）的簡單宮次計算外，漸漸形成根據干支、日月等的各自起例，以起出其他具有不同含義的眾多假想星象及神煞系統。唐宋以後，我國絕大部分術數都主要沿用這一系統，也出現了不少完全脫離真實星象的術數，如《子平術》、《紫微斗數》、《鐵版神數》等。後來就連一些利用真實星辰位置的術數，如《七政四餘術》及選擇法中的《天星選擇》，也已與假想星象及神煞混合而使用了。

隨着古代外國曆（推步）、術數的傳入，如唐代傳入的印度曆法及術數，元代傳入的回回曆等，其中我國占星術便吸收了印度占星術中羅睺星、計都星等而形成四餘星，又通過阿拉伯占星術而吸收了其中來自希臘、巴比倫占星術的黃道十二宮、四大（四元素）學說（地、水、火、風），並與我國傳統的二十八宿、五行說、神煞系統並存而形成《七政四餘術》。此外，一些術數中的北斗星名，不用我國傳統的星名：天樞、天璇、天璣、天權、玉衡、開陽、搖光，而是使用來自印度梵文所譯的：貪狼、巨門、祿存、文曲，廉貞、武曲、破軍等，此明顯是受到唐代從印度傳入的曆法及占星術所影響。如星命術中的《紫微斗數》及堪輿術中的《撼龍經》等文獻中，其星皆用印度譯名。及至清初《時憲曆》，置閏之法則改用西法「定氣」。清代以後的術數，又作過不少的調整。

此外，我國相術中的面相術、手相術，唐宋之際受印度相術影響頗大，至民國初年，又通過翻譯歐西、日本的相術書籍而大量吸收歐西相術的內容，形成了現代我國坊間流行的新式相術。

陰陽學——術數在古代、官方管理及外國的影響

術數在古代社會中一直扮演着一個非常重要的角色，影響層面不單只是某一階層、某一職業、某一年齡的人，而是上自帝王，下至普通百姓，從出生到死亡，不論是生活上的小事如洗髮、出行等，大事如建房、入伙、出兵等，從個人、家族以至國家，從天文、氣象、地理到人事、軍事，從民俗、學術到宗教，都離不開術數的應用。我國最晚在唐代開始，已把以上術數之學，稱作陰陽（學），行術數者稱陰陽人。（敦煌文書、斯四三二七唐《師師漫語話》：「以下說陰陽人謾語話」，此說法後來傳入日本，今日本人稱行術數者為「陰陽師」）。一直到了清末，欽天監中負責陰陽術數的官員中，以及民間術數之士，仍名陰陽生。

古代政府的中欽天監（司天監），除了負責天文、曆法、輿地之外，亦精通其他如星占、選擇、堪輿等術數，除在皇室人員及朝庭中應用外，也定期頒行日書、修定術數，使民間對於天文、日曆用事吉凶及使用其他術數時，有所依從。

我國古代政府對官方及民間陰陽學及陰陽官員，從其內容、人員的選拔、培訓、認證、考核、律法監管等，都有制度。至明清兩代，其制度更為完善、嚴格。

宋代官學之中，課程中已有陰陽學及其考試的內容。（宋徽宗崇寧三年〔一一零四年〕崇寧算學令：「諸學生習……並曆算、三式、天文書。」「諸試……三式即射覆及預占三日陰陽風雨。天文即預

定一月或一季分野災祥，並以依經備草合問為通。」

金代司天臺，從民間「草澤人」（即民間習術數人士）考試選拔：「其試之制，以《宣明曆》試推步，及《婚書》、《地理新書》試合婚、安葬，並《易》筮法，六壬課、三命、五星之術。」（《金史》卷五十一・志第三十二・選舉一）

元代為進一步加強官方陰陽學對民間的影響、管理、控制及培育，除沿襲宋代、金代在司天監掌管陰陽學及中央的官學陰陽學課程之外，更在地方上增設陰陽學課程（《元史・選舉志一》：「世祖至元二十八年夏六月始置諸路陰陽學。」）地方上也設陰陽學教授員，培育及管轄地方陰陽人。（《元史・選舉志一》：「（元仁宗）延祐初，令陰陽人依儒醫例，於路、府、州設教授員，凡陰陽人皆管轄之，而上屬於太史焉。」）自此，民間的陰陽術士（陰陽人），被納入官方的管轄之下。

至明清兩代，陰陽學制度更為完善。中央欽天監掌管陰陽學，明代地方縣設陰陽學正術，各州設陰陽學典術，各縣設陰陽學訓術。陰陽人從地方陰陽學肆業或被選拔出來後，再送到欽天監考試。（《大明會典》卷二二三：「凡天下府州縣舉到陰陽人堪任正術等官者，俱從吏部送（欽天監），考中，送回選用；不中者發回原籍為民，原保官吏治罪。」）清代大致沿用明制，凡陰陽術數之流，悉歸中央欽天監及地方陰陽官員管理、培訓、認證。至今尚有「紹興府陰陽印」、「東光縣陰陽學記」等明代銅印，及某某縣某某之清代陰陽執照等傳世。

清代欽天監漏刻科對官員要求甚為嚴格。《大清會典》「國子監」規定：「凡算學之教，設肄業生。滿洲十有二人，蒙古、漢軍各六人，於各旗官學內考取。漢十有二人，於舉人、貢監生童內考取。附學生二十四人，由欽天監選送。教以天文演算法諸書，五年學業有成，舉人引見以欽天監博士用，貢監生童以天文生補用。」學生在官學肄業、貢監生肄業或考得舉人後，經過了五年對天文、算法、陰陽學的學習，其中精通陰陽術數者，會送往漏刻科。而在欽天監供職的官員，《大清會典則例》「欽天監」規定：「本監官生三年考核一次，術業精通者，保題升用。不及者，停其升轉，再加學習。如能黽勉供職，即予開復。仍不及者，降職一等，再令學習三年，能習熟者，准予開復，仍不能者，黜退。」除定期考核以定其升用降職外，《大清律例》中對陰陽術士不準確的推斷（妄言禍福）是要治罪的。《大清律例・一七八・術七・妄言禍福》：「凡陰陽術士，不許於大小文武官員之家妄言禍福，違者杖一百。其依經推算星命卜課，不在禁限。」大小文武官員延請的陰陽術士，自然是以欽天監漏刻科官員或地方陰陽官員為主。

官方陰陽學制度也影響鄰國如朝鮮、日本、越南等地，一直到了民國時期，鄰國仍然沿用着我國的多種術數。而我國的漢族術數，在古代甚至影響遍及西夏、突厥、吐蕃、阿拉伯、印度、東南亞諸國。

術數研究

術數在我國古代社會雖然影響深遠，「是傳統中國理念中的一門科學，從傳統的陰陽、五行、九宮、八卦、河圖、洛書等觀念作大自然的研究。……傳統中國的天文學、數學、煉丹術等，要到上世紀中葉始受世界學者肯定。可是，術數還未受到應得的注意。術數在傳統中國科技史、思想史，文化史、社會史，甚至軍事史都有一定的影響。……更進一步了解術數，我們將更能了解中國歷史的全貌。」（何丙郁《術數、天文與醫學中國科技史的新視野》，香港城市大學中國文化中心。）

可是術數至今一直不受正統學界所重視，加上術家藏秘自珍，又揚言天機不可洩漏，「（術數）乃吾國科學與哲學融貫而成一種學說，數千年來傳衍嬗變，或隱或現，全賴一二有心人為之繼續維繫，賴以不絕，其中確有學術上研究之價值，非徒癡人說夢，荒誕不經之謂也。其所以至今不能在科學中成立一種地位者，實有數因。蓋古代士大夫階級目醫卜星相為九流之學，多恥道之；而發明諸大師又故為惝恍迷離之辭，以待後人探索；間有一二賢者有所發明，亦秘莫如深，既恐洩天地之秘，復恐譏為旁門左道，始終不肯公開研究，成立一有系統說明之書籍，貽之後世。故居今日而欲研究此種學術，實一極困難之事。」（民國徐樂吾《子平真詮評註》，方重審序）

現存的術數古籍，除極少數是唐、宋、元的版本外，絕大多數是明、清兩代的版本。其內容也主要是明、清兩代流行的術數，唐宋或以前的術數及其書籍，大部分均已失傳，只能從史料記載、出土文獻、敦煌遺書中稍窺一鱗半爪。

術數版本

坊間術數古籍版本，大多是晚清書坊之翻刻本及民國書賈之重排本，其中豕亥魚魯，或任意增刪，往往文意全非，以至不能卒讀。現今不論是術數愛好者，還是民俗、史學、社會、文化、版本等學術研究者，要想得一常見術數書籍的善本、原版，已經非常困難，更遑論如稿本、鈔本、孤本等珍稀版本。在文獻不足及缺乏善本的情況下，要想對術數的源流、理法、及其影響，作全面深入的研究，幾不可能。

有見及此，本叢刊編校小組經多年努力及多方協助，在海內外搜羅了二十世紀六十年代以前漢文為主的術數類善本、珍本、鈔本、孤本、稿本、批校本等數百種，精選出其中最佳版本，分別輯入兩個系列：

一、心一堂術數古籍珍本叢刊

二、心一堂術數古籍整理叢刊

前者以最新數碼（數位）技術清理、修復珍本原本的版面，更正明顯的錯訛，部分善本更以原色彩色精印，務求更勝原本。并以每百多種珍本、一百二十冊為一輯，分輯出版，以饗讀者。

後者延請、稿約有關專家、學者，以善本、珍本等作底本，參以其他版本，古籍進行審定、校勘、注釋，務求打造一最善版本，方便現代人閱讀、理解、研究等之用。

限於編校小組的水平，版本選擇及考證、文字修正、提要內容等方面，恐有疏漏及舛誤之處，懇請方家不吝指正。

心一堂術數古籍 珍本 整理 叢刊編校小組

二零零九年七月序

二零一四年九月第三次修訂

東海樂吾氏註

滴天髓補註

乾乾書社出版

自序

滴天髓一書。爲明誠意伯劉基所撰。見於年譜。原署京圖撰。劉基註。然細察之。文註出於一人之手。蓋明太祖忌刻成性。誠意疾革。以觀象玩占之書。封於石室。遺命亟上之。毋令後人習。歿之次年。上果命李驛就其家中取之。見誠意墓誌。可見洪武之猜忌。誠意早知之。假名京圖。以示述而不作。所以避嫌而遠禍也。自明迄清。四五百年。世少流傳。祕錄珍藏。視同鴻寶。清道光四年。休陽程芝雲氏。收入百二漢鏡齋。爲四種叢刊之一。（千頃堂有售本。其他精刻未見。未敢斷言有無。更不知四庫全書中。曾否收入也。）始得流布於世。然而義精理粹。讀者難之。自任鐵樵氏之徵義出，方能共曉其義。（任氏滴天髓徵義。一名闡微。一名眞解。內容大同小異。皆傳抄者所署。非原名也。）然而任氏之註。推闡雖精。而與原註。每多背馳。乃另標新義。非滴天髓之原意也。僕研習命理有年。生平所最服膺者。爲子平眞詮。窮通寶鑑。與滴天髓三書。眞詮寶鑑，已先後有評註行世。獨滴天髓一書。以任註珠玉在前。未敢妄爲續貂。間有意見出入之處。輒筆之。積久成帙。適小日報主人以命理一欄見屬。因補綴成書。名之曰補註。補者。補任氏之缺也。凡任氏所已詳者。概從略。各存一義云爾。非敢與任氏爭短長也。書成。特敍其原起。丁丑仲春。東海樂吾氏敍於海上寓次。

發凡

一 本書原爲研究滴天髓之札記。以其可補任註之缺。易名補註。閱者須與原註（百二漢鏡齋叢刊千頃堂木刻本）任註（滴天髓徵義本社出版）參合閱之。

二 本書爲研究性質所引命造前後重見叠出。雖乖體例。以其有參互證明之妙。故不嫌其重。非以多爲貴也。

四 本書及窮通寶鑑評註兩書。爲鄙人研究命理之精晶。初版無多。藉以徵求同志忠實的評判。倘望不吝珠玉。賜以糾正。俾於再版時改正。如蒙錫以敍言題詞。尤感。

滴天髓補註目錄

卷四

滴天髓補註卷一

東海樂吾氏補註

通神頌

欲識三元萬法宗。先觀帝載與神功。坤元合德機緘通。五氣偏全論吉凶。

三元、天元、地元、人元也。干爲天元。支爲地元。支中所藏爲人元。支爲體。人元爲用。（詳生旺死絕人元司令圖）體中藏用。所以明五氣流行之序。及其盈虛進退之理。言術數者莫不奉以爲宗。故云萬法宗也。帝者、主也。五行之氣。雖無時無刻不流行於天地之間。而四時各有主宰。春木、夏火、秋金、冬水、季土。得時則旺。故云帝載。神者妙萬物而爲言也。天何言哉。四時行焉。百物生焉。莫之爲而爲。莫之知而至。是爲神功。說卦傳、帝出乎震、與神也者二章。詳言後天八卦之方位、及其功用。以一帝一神包舉一切。子平法以年月日時之干支爲主。支神方位也。支中藏用、卽功用也。特舉帝載神功。言其與天行之理相合。通造化之微妙也。易言大哉乾元。萬物資始。至哉坤元。萬物資生。坤元者。人之秉氣受形也。德謂天之德。卽陰陽五氣之流行也。機緘、謂氣運之變化。語見莊子。言人之秉氣受形合於天之德。氣機相通。理無二致。夫道貴中和。氣多偏駁。陽過則剛。陰過則柔。吉凶倚伏。禍福雜糅。談命者藉此偏勝之隙。而察其端倪。乃子平之法也。

戴天履地人爲貴。順則吉兮凶則悖。要與人間開聾瞶。順逆之機須理會。

五行之理。不外乎生尅制化。會合刑冲。非生爲順、尅爲逆。亦非會合爲吉、刑冲爲凶也。必須合乎其宜。應生者生。應尅者尅。則爲順。不應生而生。不應尅而尅。則爲逆。會合刑冲亦然。此順逆之機也。人之命造。最要四柱流通。五行生化。補偏救弊。合於中和。大忌偏枯缺陷。子平法千言萬語。無非說明此理。學者察其衰旺。審其進退。順逆之機既明。則喜忌自顯然可見矣。

理乘氣行豈有常。進兮退兮宜抑揚。配合干支仔細詳。定人禍福與災祥。

理者五行之理也。氣者、四時之氣也。乘者、乘除也。以五行之理。與四時之氣相乘除也。談命者不能專恃五行正理。須知天行之理。與四時之氣。互相乘除而行。本無常道。必須隨氣之進退而抑揚之。方能斷其吉凶也。四柱配合干支。有微弱而可用。有生旺而不可用者。無一定也。如鄙人自造丙戌、壬辰、丙申、丙申。丙生於三月。木有餘氣。火方進氣。所以雖無建樹。而至今年逾知命。若生於七月。易爲丙戌、丙申、丙申、壬辰。則正合丙臨申位。逢壬水難獲延年之說。早離此濁世而去矣。氣之進退。關係之鉅如此。有非可以五行常理論者。更舉例以明之。

丙子　1癸巳　41丁酉　一　丁卯　4辛亥　44丁未

壬辰	11甲午	51戊戌
壬申	21乙未	
乙巳	31丙申	

壬子	14庚戌	54丙午
壬申	24己酉	64乙巳
甲辰	34戊申	

上爲前財政總長王克敏命造。下爲友人某君命造。王造生於三月。乙木餘氣可用。時逢己宮。丙火有根。傷官生才。運行乙未丙丁木火之運。靑雲直上。某造雖甲木透干。年逢丁卯。無如生於十一月。木氣休囚。丁壬一合。才星被刼。地凍天寒。枯木無用。月令陽刃。地支三合。冲奔之性。只能順其氣勢。初運四十年。運行西北鄉。土金相生。丁財並茂。富甲一鄉。出身閥閱。名重鄉里。丁未之後。資財暗耗。老境頹唐。至乙運乙亥年逝世。依五行之理。同爲傷官生才。因氣之進退而有可用不可用之別。王造行木火運而貴。某造福澤雖優而不貴。且宜金水而忌木火也。

五行隨四時之氣而進退。更須詳干支配合。王造透丙。丙爲太陽之火。更値向旺之時。不畏水尅。某造所透爲丁火。丁爲爐火。被壬合去。寒木失向陽之用。枯木無生意。不能洩水之氣。加以卯木在年。甲木在時。相隔太遠。氣勢不接。凍木無燄。故不能用木火也。若生於十一月而地支有一寅字。木火通根。即爲可用。如一造甲申、丙子、庚辰、戊寅。木火通根於寅。即不畏寒凍而可用矣。如不細察時令進退與干支配合。則木火之可用與否。何從辨別。更何以決人之禍福災祥哉。

第一篇上 論天干

五陽皆陽丙爲最。五陰皆陰癸爲至。

十干之性質用別。可意會而不可言傳。從來出之以譬喻。如甲曰大林。乙曰卉木。丙曰太陽。丁曰燈燭。戊曰城垣。己曰田園。庚曰劍戟。辛曰珠玉。壬曰江湖。癸曰雨露。語雖俚俗。理實至精。蓋十干配後天八卦。丙、太陽之火。光與熱也。聚而成形。則爲丁火。癸、雨露之澤。溼與潤也。化而爲氣。則爲壬水。丙丁、離卦也。體陰而用陽。壬癸、坎卦也。體陽而用陰。今論其用。故曰丙爲最。癸爲至也。甲、陽和之氣。生長之力也。性質發揚。在卦爲巽。見之於物質。爲卉木之萌芽。而成乙木。在卦爲震。庚、肅殺之氣。收斂之力也。性質剛健。在卦爲乾。見之於物質。如珠玉之溫潤。而爲辛金。在卦爲兌。土、艮坤也。戊陽爲艮土。兼木火陽燥之氣。崇高固厚。己陰爲坤土。兼金水陰溼之氣。卑溼蓄藏。八卦金木土各二。而水火各一。正以後天八卦水火爲主也。宇宙之間。不論何種原質。不出五行之範圍。則五行者。實概括一切原質而歸納之也。五行合爲一八卦。循環不息而成歲時。分之則五行各爲一卦。生旺逆順。分主四時。詳見下陰陽順逆節。

陽干從氣不從勢。陰干從勢無情義。

十干爲五行之代名詞。而分陰陽。甲乙、同一木也。丙丁、同一火也。然雖同爲一物。而論其性質。則陰陽截然不同。其用亦廻別。陽干性質剛健。有特立獨行之性。非至本氣休囚死絕之地。不能言從。或雖臨死絕而見印相生。仍爲絕處逢生。亦不能從。雖才官黨衆勢強而弱自歸其弱。運喜扶身。不能棄原來之根性也。若陰干則不然。其性柔弱。見四柱才旺則從才。煞旺則從煞。即使通根月令自坐生地。亦所不論。此所以爲從勢無情義也。陽干如男性。雖環境親友。富貴熏天。只能自守窮廬。安於貧苦。努力奮鬬。不能以他人之富貴爲富貴也。除非無家室可歸。不能自存。萬不得已。捨已從人。其獨立爲本性使然也。陰干如女性。見環境富貴。只要有可從之勢。即嫁之而去。別人之富貴即自己之富貴。不思獨立。亦其本性使然也。

辛卯	3 己丑	43 乙酉
庚寅	13 戊子	53 甲申
庚午	23 丁亥	
己卯	33 丙戌	

此山東主席韓復榘命造。庚金生於寅月。身臨絕地。雖比劫疊見而四柱無根。好在午中巳土透出寅中戊土長生。爲絕處逢生。運喜扶身之地。交入乙酉。貴爲主席有由來矣。

丁卯	4 乙巳	44 辛丑

庚金生五月。身臨敗地。干透丙丁。支聚卯午。庚金無根木

丙午　14甲辰　54庚子　火勢盛。然庚金陽干。沐浴之鄉。爲方生之氣。不能從煞。四
庚午　24癸卯　柱無滴水制火。氣勢偏枯。雖名譽鼎盛。不免勞碌奔波。好
己卯　34壬寅　在午中丁己並透。以巳土洩火補金爲用。運喜土金水之
地。辛丑庚子二十年。爲商界有名人物。名高望重。此四明虞洽卿先生命造也。

戊辰　9乙卯　49己未
甲寅　19丙辰　59庚申
壬戌　29丁巳丙午　39戊午壬水生寅月。身臨病地。氣值休囚。支全寅午戌、而干透甲丙戊。尅洩交集。柱無辛金相生。不能不從。壬水之氣瀕絕也。寅中甲丙戊並透。甲木制煞生才。爲棄命從財格。運行南方。擁資數百萬。名重金融界。爲海上有名之富翁。至庚
申運。一落千丈。財耗祿絕。此乃紹興施再邨命造也。以上兩造皆陽干。所謂從氣不從勢也。

壬寅　1戊申　41壬子
丁未　11己酉　51癸丑
己卯　21庚戌乙亥　31辛亥己土生六月。值土旺之時。通根月令。然地支亥卯未會局。干透乙木。丁壬又合而化木。木之勢盛。巳土卽棄命相從矣。此爲伍廷芳命造。行運中年之後。一路水木旺地。宜乎老當益壯。在遜清時歷任各國公使。有聲於外交界。民國
以來。歷任外交總長。名高望重。卒於丙運壬戌年。壽八十有一。此造巳土爲陰干。見勢旺則

從。雖月垣秉令。亦置之不論。所謂從勢無情義也。

癸酉　1庚申　41丙辰
辛酉　11巳未　51乙卯
乙丑　21戊午
辛己　31丁己

陰干雖云從勢無情義。然亦須察其配合。如此造。乙木生於八月。地支己酉丑會局。天干兩辛並透。似宜從其旺勢矣。然有癸水透干。煞之情生印。印生身。不能作從煞論。上伍造。巳土生旺未月。可以從煞。而此造乙木生金旺月。反不能從。可見能從與否。第一須察干支配合之趨向。非可一例論也。此駐日本大使許世英命造。詳從化節。

甲木參天。脫胎要火。春不容金。秋不容土。火熾乘龍。水蕩騎虎。地潤天和。植立千古。

甲爲純陽之木。有參天之勢。生於春初。木嫩氣寒。得火而發榮。生於仲春。旺極之勢。宜洩其菁英。所謂脫胎要火也。初春嫩木萌芽。不宜金剋。仲春以衰金而剋旺木。木堅金缺。故春不容金也。生於秋。木氣休囚。而金當令。土虛不能培木之根。反生金剋木。故不容土也。龍、辰也。支全巳午未、或寅午戌。而干透丙丁。不惟洩氣太過。抑且火旺木焚。宜坐辰。辰爲濕土。能培木而洩火也。虎、寅也。支全亥子丑、或申子辰。而干透壬癸。水泛木浮。宜坐寅。寅爲木之祿地。而藏火土。能納水之氣。不畏浮泛也。火燥坐辰。水泛坐寅。爲地潤。金木木土不相剋、爲天和。非仁壽之象乎。

乙木雖柔。刲羊解牛。懷丁抱丙。跨鳳乘猴。虛溼之地。騎馬亦憂。藤蘿繫甲。可春可秋。

羊未也。牛丑也。乙木雖柔。而生於丑未月。未爲木庫。丑爲濕土。可培乙木之根。乙木根固。則制柔土亦有餘也。鳳酉也。猴申也。生於申酉月。只要干有丙丁。不畏金旺。（見下閻陸商張諸造可爲例證。）馬、午也。生於亥子月。水旺木浮。雖支有午。亦難發生。若天干有甲。地支有寅。名爲藤蘿繫甲。可春可秋者。言四季皆可不畏斫伐也。

丙火猛烈。欺霜侮雪。能煅庚金。從辛反怯。土衆生慈。水猖顯節。虎馬犬鄉。甲來成滅。

五陽皆陽丙爲最。丙者。太陽之精。純陽之性。欺霜侮雪。不畏水剋也。庚金雖頑。力能煅之。辛金雖柔。合而反弱。見壬水、則陽遇陽而成對抗之勢。見癸水、則如霜雪之見日。故不畏水剋。而愈見其剛強之性。見土、則火烈土燥。生機盡滅。土能晦火。見己土猶可。而見戊土尤忌。生慈者、失其威猛之性也。顯節者、顯其陽剛之節也。虎馬犬鄉者。寅午戌也。支全寅午戌。而又透甲。火旺而無節。不戢自焚也。

丁火柔中。內性昭融。抱乙而孝。合壬而忠。旺而不烈。衰而不窮。如有嫡母。可秋可冬。

丁火、雖火也。內陰而外陽。故云柔中。內性昭融。卽柔中二字之注解。乙、丁之母也。有丁護乙。使辛金不傷乙木。不若丙火之能焚甲木也。壬、丁之君也。壬畏戊而丁合之。能使戊土不傷壬水。不若己土合甲、辛金合丙之能變其本性也。（己土合甲甲從己化。辛金合丙丙失其威。）雖時當乘旺。不至赫炎。卽時値就衰。不至歇滅。（酉爲火之死地而丁長生。）干透甲乙。秋生不畏金。支藏寅卯。冬產不忌水。

戊土固重。既中且正。靜翕動闢。萬物司命。水潤物生。土燥物病。若在艮坤。怕冲宜靜。

固重兩字。最足以形容戊土之性質。春夏氣動而闢、則發生。秋冬氣靜而翕、則收藏。故爲萬物之司命也。戊土高亢。生於春夏。宜水潤之。則萬物發生。燥則物枯。生於秋冬。宜火暖之。則萬物化成。濕則物病。艮坤者、寅申也。土寄四隅。寄生於寅申。寄祿於巳亥。故在艮坤之位。喜靜忌冲。四生之地。皆忌冲剋。土亦不能外此例也。

己土卑溼。中正蓄藏。不愁木盛。不畏水狂。火少火晦。金多金光。若要物旺。宜助宜幫。

戊己同爲中正之土。而戊土固重。己土蓄藏。戊土高亢。己土卑溼。此其不同之點也。卑溼之土。能培木之根。止水之泛。見甲則合而有情。故不愁木盛。見水則納而能蓄。故不畏水狂。能洩火晦火。故云火少火晦。能潤金生金。故云金多金光。此爲巳土無爲之妙用。但欲滋生萬物。則宜丙火去其卑濕之氣。戊土助其生長之力。方足以充盛長旺也。

庚金帶殺。剛健爲最。得水而清。得火而銳。土潤則生。土乾則脆。能贏甲兄。輸於乙妹。

庚金爲三秋肅殺之氣。性質剛健。與甲丙戊壬各陽干有不同。得壬水洩其剛健之性。氣流而清。得丁火冶其剛健之質。鋒鍔而銳。生於春夏。過丑辰濕土。能全其生。逢戌未燥土。能使其脆。甲木雖強。力能伐之。乙木雖柔。合而有情。

辛金軟弱。溫潤而清。畏土之多。樂水之盈。能扶社稷。能救生靈。熱則喜母。寒則喜丁。

辛金清潤之質。乃三秋溫和之氣也。戊土太多則涸水埋金。壬水有餘。則潤土洩金。辛爲甲之君。丙又爲辛之君。丙火能焚甲木。辛合丙化水。轉剋爲生。豈非扶社稷救生靈乎。生於夏而火多。有巳土則晦火而生金。生於冬而水旺。有丁火則暖水而養金。故以爲喜也。

壬水通河。能洩金氣。剛中之德。周流不滯。通根透癸。沖天奔地。化則有情。從則相濟。

通河者、天河也。壬水長生於申。申乃坤位。天河之口。壬生於申。能洩西方肅殺之氣。水性周流不滯。所以爲剛中之德也。如申子辰全。又透癸水。其勢泛濫。雖有戊己之土。不能止其流。若強制之。反冲激而成患。必須用木洩之。順其氣勢。不至冲奔也。合丁化木。又能生火。可謂有情。生於巳午未月。四柱火土並旺。別無金水相助。火旺透干、則從火。土旺透干、則從土。調和潤澤。仍有相濟之功也。

癸水至弱。達於天津。得龍而運。功化斯神。不愁火土。不論庚辛。合戊見火。化象斯眞。

癸乃純陰之水。發源雖長。其性至靜而至弱。所謂五陰皆陰。癸爲至也。龍、辰也。通干見辰。則化氣之原神透出。爲一定之理。（詳見滴天髓徵義）不愁火土者。至弱之性。見火土多則從化矣。不論庚辛者。弱水不能洩金氣。而金多反濁。卽指癸水而言。合戊見火者。戊土燥厚。四柱見丙辰。引出化神。化象乃眞也。若生於秋多金水旺地。縱遇丙辰。亦難從化。宜細詳之。

第一篇中　論地支

陽干動且強。速達顯災祥。陰支靜且專。否泰每經年。

子午寅申辰戌為陽支。丑未卯酉巳亥為陰支。陰陽支辰。性質不同。其理有不可解者。任註亦未有闡明。稱謂原文恐有誤字。以干而論。甲陽乙陰。丙陽丁陰。以支而論。子陽丑陰。寅陽卯陰。若以干支統論之。則干為陽。支為陰也。子平真詮云。以甲乙寅卯而統分陰陽。則甲乙為陽。寅卯為陰。即此意也。此處原文當為陽干動且強。陰支靜且專。後人不解陽干陰支之義。改為陽支陰支。以致無從索解。蓋干主天。顯露於外。動而有為。支主地。藏納於下。靜以待用。干主一而支藏多。干之性質單純。而支之性質複雜。故顯之於用。天干之為吉為凶。顯而易見。如才刼官傷。立見其災。有病得藥。立顯其福。若地支則不然。吉神暗藏。或凶物深藏。一時不見禍福。非歲運引動。休咎不顯。經年者、言歲運相催也。

天戰猶自可。地戰急如火。

天干相戰。如甲見庚。乙見辛。丙見壬。丁見癸。戊己見甲乙壬癸皆是也。甲庚乙辛之戰。見壬癸則和。丙壬丁癸之戰。見甲乙則和。設無和解之神。而有別干制之。亦可為救。如甲木日主。見庚金七煞。而得丙火制之是也。地戰如寅申、巳亥、子午、卯酉、等四冲是也。原註天干尅戰。得地支順靜則無礙。地支相冲。天干不能為力。蓋干以支為根。支以干為苗。苗萎而根無損傷。依然可用。根拔則苗雖無尅害。亦必枯萎也。天干冲戰。地支會合有力。可以息動解爭。地支冲戰。天干無能為力。干尅為輕。支冲為重。試舉例如下。

庚午 3丙戌 43庚寅 清和坤命造。乾隆十五年九月初一日生。嘉慶四年賜死。

乙酉 13丁亥 53辛卯 年六十三。任註誤作庚午日。特改正之。天干乙庚相戰。地

庚子 23戊子 支子午相冲。午酉相破。爲戰局也。雖爲官刃格。最宜印以

壬午 33己丑 和之。戊子己丑二十年。威權赫奕。勢莫與京。爲最盛之時。

寅運雖劣。喜其無冲。尚可維持。至卯運四冲全備。冰山倒矣。

癸未 9乙卯 丙辰 19甲寅

丙午 29癸丑

戊子 39壬子 此郭松齡造。日元坐刃。癸煞制之。煞刃格也。亦喜印以和之。最忌冲尅。天干癸丙戊相剋。無關重輕。地支子午之冲。實伏殺身之機。乙卯甲寅早握知遇。癸丑十年。刃旺煞強。手握重兵。爲國干城。壬子運甲子年。三子冲刃。倒戈失敗而死。

合有宜不宜。合多不爲奇。

古人論命。專取合神。合、非化也。化必須得時得地。成方成局。尋常相合。不以化論。干支多合。則映帶有情。精氣團結。爲一種貴徵。（詳下情和氣協節）除天干五合地支三合六合外。更有暗合。如子巳相合。（戊癸）寅丑未合。（甲己）卯申相合。（乙庚）辰戌子合。（戊癸）巳丑相合。（丙辛戊癸）午亥相合。（甲己丁壬）皆是也。特合有宜不宜。如木生冬令。透丙爲寒木向陽。見辛作合。丙失其用。

金水傷官生於冬令干丁支午。水暖金溫。見壬與亥。盡失其用。是合之不宜也。干支相合。互相勾聯有情。然過於有情志無遠達。（見氣象篇）如甲木以己土爲財。財星就我固美。又乘子丑。內外加合甲木當爲己土所牽絆情意固結。外之財官印綬。舉不足以動其心。其志豈能遠達。是合多不爲奇也。

生方怕動庫宜開。敗地逢冲仔細推。

寅申巳亥四生之地名爲生方忌冲動。辰戌丑未、四墓之地。不忌冲尅。非喜冲也。子午卯酉、四敗之地。有喜冲忌冲之別。宜仔細推之。原註任註均甚詳。竊謂四生之地寅宮丙戊。氣方萌動。忌見冲尅。固無論矣。木雖臨官。然以時序論之。大地春回。草木萌芽。乃向旺之時。非旺而有餘之候。宜陽和之煦拂。以暢其生機。忌疾風暴雨之摧殘。窮通寶鑑、春木根荄種得深。祇宜陽地不宜陰。漂浮只怕多逢水。尅制何須苦用金。正謂此也。冲者、尅也。在干爲七煞。如寅宮甲丙透干爲用。見申冲尅。則甲丙之根拔、而生機敗矣。戊土寄生於寅申。雖非相尅。亦忌冲動。所謂若在艮坤。怕冲宜靜是也。寅宮如是。餘可類推。

庫者、辰戌丑未四墓也。土爲本氣。如用在土。遇冲不成問題。所謂朋冲是也。若用金水木火爲四季之餘氣。及墓中將絕之氣。力本微弱。又壓伏於土之下。非透露天干。無可用之理。然有原局需要之神藏蓄於墓庫之內。取爲用神者。如金水喜官。而一點丁火官星。藏於戌未之中。木火喜印。一點癸水。藏於辰丑之中。此類庫神。萬不可冲。冲則必敗。又有主用兩旺。運遇庫地。閉塞其氣。名爲用神入墓。如用在

心一堂術數古籍珍本叢刊　星命類　二二

財官。而行運逢財官墓庫之地。用在食傷。而行運逢食傷墓庫之地。此類埸合。逢冲未必爲福。遇合必見非殃。蓋入墓本嫌閉塞。再遇合神。重重鎖錀。鬱塞之極。豈能免於晦滯哉。

敗地逢冲仔細推者。子午卯酉、一神專旺之地。爲喜爲忌。其用至顯。喜者冲而去之爲忌。忌者冲而去之爲喜。詳任註。

更有冲而不以冲論者。如李虛中命書云。壬子之水。應北方之坎。丙午之火。實南方之離。所以丙午得壬子不爲破。丁巳得癸亥不爲冲。是水火既濟之源。有夫婦配合之理也。庚申辛酉之金。應西方之兌。甲寅乙卯之木。象東方之震。所以甲寅得庚申不爲刑。乙卯得辛酉不爲鬼。是木女金夫之正體。明左右之神化也。戊辰戊戌之土。爲魁罡相會。己丑己未。是天乙貴神。形體具備。守位忠貞。動靜不常。此四維眞土。有萬物行始之道也。是又冲尅以外之理也。

支神只以冲爲重。刑與穿兮動不動。

支之變化，全在會合刑冲。天干遇七相尅。名爲七煞。地支遇七爲冲。亦七煞也。三刑者。子卯相刑。寅巳申相刑。丑戌未相刑。是爲三刑。自刑之義。因局與方相配。辰適見辰。酉又遇酉也。三刑之中。以寅巳申爲劇。寅中本屬相冲。見巳亥則四冲全備。每見命造配合極佳。因寅巳申三刑全而不貴。殆因刑冲而損其貴氣也。子卯相刑、本屬相生。何以相刑。殆因子中癸水。卯中乙木。溼重陰濃。反損其生氣。且子午卯酉、四正之位、子之於卯。猶午之於酉。亦敗地之相逢。特影響較微耳。至於丑戌未庫地相刑。冲且不懼、刑更非忌。穿即害也。六冲刑害之義。詳見命理入門。更有破者。僅酉卯午三位。亦子卯相刑之類也。刑冲害三者之中。以冲爲重。刑害爲輕。但三刑不可逢冲。三刑逢冲。爲禍甚烈。如寅巳申三刑而見亥。則四冲俱備。（不必三刑全。如寅申見亥。亦同刑冲。）重遇寅申則併冲。子卯刑見午酉。丑戌未刑見辰。均同。明通賦云。三刑逢冲橫禍生是也。又氣象篇云。三刑得用。威鎮邊疆。通會萬註云。三刑有氣日主剛強爲得用。語意含糊。竊謂三刑得用。當是相刑之物乘令。又適爲用神也。舉例如下。

癸未　2 甲子
乙丑　12 癸亥
壬戌　22 壬戌
庚子　32 辛酉

此民初浙江都督朱瑞造。壬水生十二月。時逢子刃。劫印並透。日主剛強。生於土旺之時。丑戌未全。三刑有氣。以煞刃爲用。早年水運孤苦。至戌運一躍而爲都督。然僅此五年。至丙辰年。戌辛兩運交脫之際。三刑逢冲。失敗下野。旋卽病逝。

壬寅　10 丙午
乙己　20 丁未
壬午　30 戊申

此造見窮通寶鑑。從才格。三刑得用。貴爲制軍。蓋寅己申三刑。用丙火當旺之氣。反以不見申爲貴。見申、則火金水之氣。不能同時並用也。一造、壬寅　戊申　丙寅　癸己　雖云戊土去殺留官。究損官貴之

心一堂術數古籍珍本叢刊　星命類　二四

乙巳　40己酉　氣。只能以才爲用。坐下三刑不得用。富而不貴也。

古人論命以年爲主。月日時相刑。太歲不預者。不以刑論。（見三命通會）今法以日爲主。宜乎刑穿無足重輕。然三刑逢冲。爲禍仍至劇也。

暗冲暗會尤爲喜。我冲彼冲皆冲起。

前言明冲明會。此論暗冲暗會也。刑冲破害以冲爲重。三會六合。以會爲重。言暗冲暗會實包括合刑破害而言。若以原局冲會爲明。歲運冲會爲暗。似未盡其妙也。如拱夾包承。爲不見之形。即是暗會。若天干相同。干支聯珠。吉神暗藏。其力甚大。拱實不若拱虛。故尤爲喜也。我冲彼冲。以喜神爲我。忌神爲彼。見任註。其實亦不必論彼我。凡冲必動。動則喜忌見矣。詳下衰旺節。

乙亥　16丁丑
己卯　26丙子
甲申　36乙亥
乙亥　46甲戌

此湖北巡閱使蕭耀南造。月令陽刃。以申金七煞制刃爲用。申中庚金。與卯中乙木暗合。正符甲以乙妹妻庚凶爲吉兆之說。大貴之徵。故尤爲喜也。乙亥十年。雲程直上。至甲運、全省文武最高官階。集於一身。戊運逝世。

庚辰　39癸未　此冀察政委會主席黃郛造。亦是申卯暗合。且申暗冲寅。戌寅卯辰東

己卯　49甲申　方。戊時會寅。以拱丙火。丙申戊戌。中夾丁酉。聯珠拱貴。大貴之徵。以印
丙申　為用。運行癸未。印綬會局。以外交總長入主內閣。甲運東山再起。為北
戊戌　方政治重心。申運以病逝世。

按繼善篇云。丙臨申位。難獲延年。月逢印綬。則安富尊榮。可見月垣卯印之重要。今行申運。合乙破印。流年丙子。會煞為凶。丙火至申本為病地。何堪才煞交攻。十一月建子。又屬煞旺之時。黃楊厄閏。理固然也。

旺者冲衰衰者拔。衰神冲旺旺者發。

任註甚詳。大致旺衰以全局之氣勢言。如冲者為子午。原局寅卯己未戌之神多。則午為旺。子為衰。如辰申酉亥丑之神多。則子為旺午為衰。衰者為喜神。冲而去之為禍。衰者為忌神。冲而去之為吉。旺者為喜神。則冲而發為吉。旺者為忌神。冲而發為禍。更須看原局喜忌。如為忌神。吉運來冲之為吉。為喜神。凶運來冲之為忌也。

丁巳　11丁未　朱古微命造。庚金生白露後一日。巳酉結局。丁火透出。旺金得冶以成
己酉　21丙午　器。官星為用。忌子亥傷官洩金之秀。幸在支不傷丁火。丙午運中。冲去
庚子　31乙巳　子水。壬午癸未年連捷成進士。乙巳運冲去亥水。迴翔臺閣。馭歷中外。

心一堂術數古籍珍本叢刊　星命類　二六

丁亥　41甲辰

辛未　36庚寅　此兩淮鹽運使某君命造。炎上成格。戊土洩秀。午戌會局而丙臨申位。

甲午　46己丑　氣勢不足。以申爲病。至寅運冲去申金而成寅午戌三合會局。旺神冲

丙申　59戊子　衰。衰者拔而旺者發。一躍而爲鹽運使。此以衰神爲忌神。冲去爲吉也。

戊戌　69丁亥　復次此造原局雖不見寅。而寅中所藏甲丙戊齊透天干。不啻有一寅字在。虛神籠罩。格局奇特。寅運冲申而福來。子運冲午而禍至。蓋不論明暗彼我。冲則動。動則喜忌見。所謂吉凶悔吝生乎動也。

第一篇下　總論干支

陰陽順逆之說。洛書流行之用。其理信有之也。其法不可執一。

陰陽順逆。謂天干也。洛書九宮。謂地支也。五氣流行於十二宮以成歲時。陽竭則陰生。陰竭則陽生。如圜無端。甲乙、一木也。丙丁、一火也。庚辛、一金也。壬癸、一水也。如木生於亥。歷亥子丑寅四宮自長生而至臨官。逐步生長。爲陽。至卯而生長力停止。旺極將衰。自衰而病而死。逐步收斂。爲陰。至午而死。然木

雖死。猶存餘氣。故未爲木墓。墓者、如太陽落於地平線下。迴光返照也。至申而絕矣。萬物自無至有。非突然而生。必有醞釀之時。木氣既絕之後。又漸孕育又漸長養。酉戌兩宮乃木氣醞釀之時。至亥而生。故未申酉戌同爲木氣休囚之時。而未申爲陰之餘。屬陰。酉戌爲陽之初。屬陽。內經五運論曰。謹候其時。氣可與期。蓋六氣以四年爲一周。十二宮分爲三期。一、五、九。歲氣會同。二、六、十。三、七、十一。四、八、十二。亦歲氣會同。此三合所由起也。如以木論。自亥至寅爲一期。自卯至未爲一期。自未至亥。半陰半陽。亦爲一期。此三期之六氣起訖。時刻相同。故名曰三合會局。由此而推五氣流行之用(卽十二支藏用)有可得而言者。亥爲木之始生。寅卯辰東方。爲木氣主旺之時。故皆藏木。長生至臨官屬陽。故所藏爲甲木。卯辰屬陰。故所藏爲乙木。未爲木氣之餘。與亥卯歲氣會同。故亦藏木。屬於陰。故所藏爲乙木也。木氣如是。金水火可以類推。玆列圖如下。將此四圖叠而爲一。則地支藏用之理。顯然可見矣。

土居中央。寄於四隅。四隅者、艮巽坤乾也。艮丑寅、巽辰巳、坤未申、乾戌亥也。土無時不旺。木無土不生。金無土不藏。水火無土不載。四時之中。土無時無刻不流行。故生寅祿巳。生申祿亥。生祿屬陽。故寅申巳亥同藏戊土。祿於巳。則旺於午。旺屬陰。故午藏己土。火旺、則土之氣燥而用顯。水旺、則土之氣虛而用息。亥子之土。名存實亡。棄置不用。非不藏也。土寄於四隅。隨所寄之宮而分陰陽。故辰戌爲戊土。丑未爲己土。三合之局。有木火金水而無土局。正以土居中央故也。

附五氣流行圖

故天地順遂而精粹者昌。天地乖悖而混亂者亡。不論有根無根。俱要天覆地載。

天地者。天干地支也。順遂者。體用配合適宜。相生有情。生意不悖也。精粹者。氣勢團結。四柱互相衛護有情也。反之則爲乖悖混亂。格局之高低貧富貴賤。此兩句爲總要關鍵。干支配合。不外乎生、尅、制、化、會、合、刑、冲之八法。配成格局。自有順遂、精粹、乖悖、混亂、之不同。順遂精粹。即謂之淸。無形之中。自有一種精神。乖悖混亂。則謂之濁。或流於散漫偏枯。各家命書。說法不同。意義則一。子平眞詮以有力無力有情無情分格局高低。有力有情。卽順遂精粹也。無力無情。卽乖悖混亂也。

同一貴格。而貴有高低。同一富格。而富有大小。同一貧賤。亦有差等。其關鍵卽在此八個字中分別之。所謂順遂精粹者。非必通根祿旺。印綬相生也。四柱生尅。配合中和。應冲者冲。應合者合。卽謂之順遂精粹。所以干支不論有根無根。只要上下有情。配合適宜。卽是好八字。天覆地載。謂上下有情也。下文中述順遂精粹之義。(一)天道能容。地德能載。(二)陽乘陽位。陰乘陰位。(三)地生天。天合地。(四)煞印相生。(五)情和氣協。(六)始其所始。終其所終。子平之法盡之矣。合乎此者爲吉。悖乎此者爲凶。命書千言萬語。莫能外此也。凡八字皆有順悖純雜之辨別。玆姑舉貴富各兩造。以見格局高低之一斑。

癸未　　李鴻章造。曲直仁壽格也。地支亥卯未全而生寅月。時透己土。甲木制之。印綬無傷。

甲寅　水木相生。格之純粹者也。印透、行金運。官煞生印。化金氣以生木。官印爲權。封侯拜
乙亥　相。均在金運之中。如無印透、何能行金運而反吉乎。
己卯

乙丑　段祺瑞造。亦曲直仁壽格也。亥卯未全而生二月。年逢丑支。丑藏辛金。逆木旺氣。不
己卯　免微疵。月干己土。乙木雖能制之。不及甲木之有力。水木之氣雖順遂。不及李造之
乙亥　純粹。或云壬午時。則氣更雜矣。
癸未

丁丑　唐子培命造。火金相成。富格也。酉丑會局。巳土生之。財有傷官爲引。刼不爭財。順遂
己酉　而精粹也。
丙午
己丑

丁丑　某君命造。亦是火金相成。富格也。酉丑會局而無食傷爲引。金無生意。酉丑之間隔
丁未　以未土。未爲火之餘氣。非但不能生金。且冲破金局。丁火蓋頭。財星不透。時逢丁未。
丁酉　火土不能生金。後嗣亦艱。八字雖純粹而欠精神。同爲富格而有高低之分。俗士以
丁未　天干一氣爲貴。不知比肩爭財。不如唐造遠矣。

天全一氣。不可使地德莫之載。地全三物。不可使天道莫之容。

天全一氣。謂天干四字相同也。如四甲四乙之類。不可使地德莫之載。謂必須通根支下也。地全三物者。支中所藏人元。多數爲三干也。支以干爲用。干以支爲根。天全一氣。似乎氣勢純一。然而無根之苗易萎。不足爲貴也。地支之中。除子午卯酉四專之地、各藏一干外。寅申巳亥、辰戌丑未八宮。均藏三干。從多數而言。故云三物。支中所藏。雖爲財官印三奇。不透露天干。則其用不顯也。天干所透。皆通根支下。支中所藏。咸透露天干。則氣勢自然順遂。四柱亦必精純矣。上文天覆地載。統論配合。爲論命之主要。此則專指干透支藏。爲六種看法之一也。任註以天氣下降地氣上升爲釋。義理極精。特爲兩神對峙取用之法。詳下通關節。

陽乘陽位陽氣昌。最要行程安頓。陰乘陰位陰氣盛。還須道路光亨。

陽干必乘陽支。陰干必乘陰位。甲丙戊庚壬五陽干。所乘爲子寅辰午申戌六陽支。乙丁己辛癸五陰

干。所乘爲丑卯巳未酉亥六陰支。此順序配合。一定之位也。要知陽乘陽位者。四柱全陽也。陰乘陰位者。四柱純陰也。原註云六陽位中。獨子寅爲陽位之純。六陰位中。獨未酉亥爲陰位之純。若八字四柱純陽。支皆子寅。或四柱純陰。支皆未酉亥。自有一種精粹之氣。如袁世凱命造。　己未　癸酉　丁巳　丁未　四柱全陰是也。然此不過爲八字精氣之一。未可據此一點。即視爲貴顯之徵。更須看配合取用。以及運程之補偏救弊。古人論命以年爲主。月日時爲本身所臨之地。運程爲行程所到之方。行程道路兩句。實兼月日時與運程而言也。所以喜用在年月。主祖基蔭庇。幼年享用。在日、主自身創建。中運必佳。在時。爲晚年結果。此一生所歷之程途也。

陽乘陽位而陽氣太盛。則流於枯燥。陰乘陰位而陰氣太盛。則流於寒濕。氣勢偏枯。則乖悖混亂矣。根在苗先。陽盛局中。必須安頓一點澤潤之氣。陰盛局中。必須安頓一點陽和之氣。行運至其地。吉神引出。自然光亨。否則原局無根。雖行順運。福澤不厚。所謂無根之苗。雖盛不久也。

甲戌	5 乙亥	此爲革命先烈黃克強命造。天干一氣。四柱全陽。陽乘陽位。但嫌陽氣
甲戌	15 丙子	過於亢旺。不免土燥木枯。運行北方。雖有安頓之地。而原局無絲毫溼
甲寅	25 戊丑	潤之氣。福澤不足。雖名滿寰宇。而無利祿之享受。交入戊寅運。火旺木
甲戌	35 戊寅	焚。丙辰年嘔血死。

甲申　7辛未　此為某洋行華經理席鹿笙君命造。四柱純陽。陽乘陽位。戊戌魁罡。午
庚午　17壬申　戌會局而透丙火。火土燥烈。好在年支申宮。庚金得祿。又藏長生之水。
戊戌　27癸酉　潤土生金。喜用聚於年支。故上承蔭庇。早年運程極美。壬申癸酉。盛極
丙辰　37甲戌　一時。時支辰宮。亦藏癸水。無如為日支戌土所沖。喜用損傷。大運至戌。

併沖辰宮。被刺殞命。復次辰戌丑未。四土朋沖。本無妨礙。然而喜用所藏。逢沖被損。為禍亦烈。孰謂四庫必宜沖乎。

己酉　9庚午　陰乘陰位。財旺生煞。丁火餘氣在未。藏而不透。體用經脈地支。年支辛
辛未　19己巳　金祿旺。幼年翩翩公子。享用現成。月日未宮燥土。不能生金。丁火又不
乙未　29戊辰　能制煞。運程財黨煞攻身。彷徨歧路。境況亦一落千丈。日時卯未合局。
己卯　39丁卯　日主得祿。運程丁卯丙寅。幫身敵煞。庶有重興之望乎。

辛丑　22甲辰　此女造也。陰乘陰位。寒氣極重。幸辛金癸水皆自丑宮透出。體用有情。
辛丑　32乙巳　雖四柱無火。出身不免寒微。而寒微之中。境況極為舒適。運行東南陽

癸丑　42丙午　暖之地。小康之家。樂也融融。夫賢子孝。翁姑慈惠。婉若友順。雖南面不
癸丑　52丁未　易也。又一女造辛丑、辛丑、壬寅、辛丑。寅中藏一點陽暖之根。境況相同。
而出身富貴。夫家母家皆極興盛。則根在苗先之故也。

地生天者。天衰怕冲。

地生天。如丙寅、戊寅、壬申、戊申四日。日主自坐長生。四柱無別幫扶。專恃此一點長生。爲精神聚集之處。逢冲根拔。爲禍亦重。如並見祿旺等支。英靈分散。不以此論。百二漢鏡齋叢書本。無甲子、乙亥、丁卯、巳己。爲自生日主。句。此四日用其身印。義雖可通。意稍有別。如用身印。誠不可冲。但此爲用神不可損傷之意。非干支精神所聚也。任註併爲一談。略嫌含混。至於天元喜地支相生。又作別論。

戊午　21戊辰　此項城時代內閣總理趙秉鈞命造。生於十二月。天寒地凍。天干尅洩
乙丑　31辛己　交集。喜得壬水臨申自坐生地。爲長流之水。又有庚祿生之。年午時己。
壬申　41庚午　水暖金溫。取己宮丙火調候爲用。己申刑合。暗伏殺身之機。運行南方。
乙己　51辛未　自巡警道受知遇。不數年由內務總長膺組閣之命。至未運甲寅年。三
刑逢冲。不得其死。

辛己　12己亥　此奉軍司令姜登選命造。戊土生於小寒節後五日。水旺秉令。天干尅

辛丑　22戊戌　洩交集。喜得戊土臨申。自坐長生。丑中辛金透干。取傷官駕煞爲用。寅
戊申　32丁酉　申一冲。早伏殺身之機。書云。若在艮坤。怕冲宜靜。艮坤、寅申也。丁酉十
甲寅　42丙申　年。手握兵符。勢燄赫弈。交入丙運。歲值丙寅。遭殺身之禍。

天合地者地旺宜靜。

天合地者。戊子、辛己、壬午、丁亥、甲午、巳亥、癸己、七日。天干與坐下人元相合也。合與化不同。今人見合。皆作化論。殊誤。任註亦誤以合爲化也。古人論命。最重合神。有合則精神團結。無合則氣勢散漫。故云無合有合。又云合起祿馬貴人。皆以合爲重。非取其化也。如戊子日。戊與癸合。財歸坐下。非他人所能分奪。辛己日。辛與丙合。官歸坐下。其情專屬。其氣團結。精氣所萃。不宜冲動。故云地旺宜靜。是亦干支配合順遂精粹之一也。

壬子　23癸丑
庚戌　33甲寅
辛己　43乙卯
壬辰　53丙辰
此遜清名臣張廷玉命造。日元辛己。辛與己宮丙火相合。官星之情專屬日元。吉神暗藏。精氣團結。支辰毫無刑冲。地旺而靜。運行東南。太平宰相。卒謚文和。配享太廟。富貴恩榮。爲有清一代之最也。
又如尹文端公命造。辛巳、己亥、辛巳、己亥。四柱干支。皆上下相合。己亥不以冲論。兩干不雜。官印成格。官歸坐下。吉神暗藏。其貴非尋常所能企及也。

丁亥　25丙午　此楊毓琇命造。楊士琦之子也。日祿歸時。月令傷官生才。才歸坐下。天
己酉　35乙巳　地相合。財來就我。年本亦天地合。而爲財官印。出身閥閱之家。火土金
戊子　45甲辰　水相生。順遂有情。自然清純。午運冲子。必有挫折。至辰運合食會才。獲
丁巳　航空獎劵首獎。財通門戶。洵非虛語也。

甲申庚寅。眞爲煞印相生。戊寅癸丑。也是兩神興旺。

六十花甲之中。地尅天者。計有十二。支下煞印相生者。亦不止此。何以單舉此四日。其中必有原理。甲申庚寅。氣勢臨絕。戊寅、土居甲木祿旺之地。亦是臨絕。然勿以日元臨絕、遂謂身弱無氣。要知印綬長生。乃是絕處逢生。八字中忌化爲喜。爲貴徵之一。此化尅爲生。且於絕處逢之。豈非精粹之象。癸丑亦然。癸水生於春夏。氣勢衰絕。如無庚辛之金發其源。氣勢流於偏枯。若癸日臨丑。則雖四柱無金。而丑中有暗藏之金。且土金水相生。源源不絕。元機暗藏。卽是精神之所寄。故此四日生者。每多大貴格局。除此四日之外。尙有庚午一日。勿以日坐咸池而忽之。三命通會云。庚金坐午又爲提。丁巳齊明兩可宜。干支無丙來混雜。水絕肩多作富推。注云。庚午日生於午月。透丁己。官印俱明。發達利名。五月水臨絕地。故云水絕。肩多、謂比肩多也。此五日皆不可忽。勿以其身弱。遽作從論也。舉例如下。

癸未　40丁巳　此劉鎭華主席造。寅申逢冲。似乎甲木之根拔矣。不知申宮煞印相生。

辛酉　50丙辰　相冲適以相成。仲秋木老。宜金斫伐。辛金透干。丙火制之。大貴之格也。
甲申　60乙卯　若不明此理。必誤作從論。又見丙火逆金旺氣。無所適從矣。
丙寅

庚寅　33壬午　此前湖北主席張羣命造。地支一氣。甲木透干。若不明寅中煞印相生
戊寅　43癸未　之理。即使不作從煞。必取庚金制煞。皆誤矣。庚金臨絕。木堅金缺。決不
戊寅　53甲申　能制也。取寅中丙火爲用。煞印相生。滿盤皆活。
甲寅

辛卯　33丙戌　此山東主席韓復渠命造。庚金生於寅月。臨於午上。必以爲庚金氣勢
庚寅　43乙酉　臨絕。而從才煞矣。不知寅午之中。皆煞印相生。己土透出爲用。元機暗
庚午　53甲申　藏。交入乙酉。乙從庚化。貴爲主席。廣洽老造。亦是庚午日見己土印。則
己卯　　　　　正合丁己齊明作富推之說也。

丁巳　37辛丑　此遜清北洋總督陳筱石命造。即庸庵老人也。癸水生於四月。氣勢弱
乙巳　47庚子　極。雖時逢辰庫。涸轍之水。何足以濟。好在日元臨丑。巳丑又會局。煞印
癸丑　相生。元機暗藏。勿以其身弱不能勝任財官也。交入庚運。開府北洋。現
丙辰　在運轉西方。年登大耄。寄情山水。老而彌健。推其壽元。可逵百齡。不在
馬相老下也。

上下貴乎情和。左右貴乎氣協。

此兩句總結上文。地生天、天合地、以及煞印相生。皆上下有情也。左右氣協者。如甲子見己丑。丁亥見壬寅。干支上下相合。名天地德合。更有上下左右交互相合。如辛亥見丁巳。巳宮丙火合辛亥宮壬水合丁。丁巳見癸亥。巳宮戊土合癸亥宮壬水合丁。名爲眞氣往來。月日時交互相合。大貴之徵。月日或日時交互相合。亦爲貴氣。雖不能據爲格局。（外格）然干支情和氣協氣勢團結。確爲一種貴氣。此外如聯珠、夾貴、夾祿、天元一氣、地支連茹、兩干不雜、皆是干支配合之法。據爲一種格局。過於重視。固屬非是。略而不談。其失亦同。凡好八字。未有不氣勢團結者也。

辛亥　35乙未　此南通張退庵命造。壬水建祿。兩辛相生。水勢奔流。巳土陰柔。不足提
巳亥　45甲午　防。午中丁火。兩亥夾之。壬比爭財。妙在天地壬丁相合。左右甲己壬丁

壬午　55癸巳　相合。情和氣協。坐下祿馬同鄉。己土官星透干。自可以官星為用矣。運
辛亥　65壬辰　行南方。燕燕直上。至壬辰運高年遭通緝。尤幸官星無傷。壽臻耄耋。
己丑　30壬申　此蔣光鼐命造。月垣官印為用。亥宮壬甲兩字。壬合於丁。甲合於巳。己
乙亥　40辛未　宮丙戊庚三字。丙與時上辛金合。戊與丑中癸水合。庚與月干乙木合。
丁巳　50庚午　四柱氣勢團結。官星得祿。天乙加臨。與日元配合有情。此所以為貴格
辛丑　60己巳　也。

始其所始。終其所終。福壽富貴。永乎無窮。

始終者。四柱干支生生不悖也。五行之氣。如得四柱流通。生化不息。為情和氣協之極軌。上文和協。僅指上下左右而言。若年月日時周流不滯。則其福壽富貴。自更勝於和協矣。即非周流不滯。而得天干順食地支不逆悖。或地支聯珠。而天干不混亂。上下有情。其福澤已非尋常可比矣。詳任註。復次生化不息。四方之運皆可行。一生無風浪起伏。福澤悠厚。至於上上格局。另有一種無形之氣勢。渾渾穆穆。難以言宣。粗視之。說不出好在何處。然而八個字中。一字不可改易。地位次序。一步不能移換。此為最上等格局。如前清康熙皇帝命造。生於順治十一年三月十八日巳時。

甲午　1己巳　41癸酉　康熙聖神文武。爲千古帝王中唯一人物。其造粗視不見
戊辰　11庚午　51甲戌　佳處。而無形之中。自有一種渾厚之氣。勉強分析之。辰午
戊申　21辛未　61乙亥　夾巳。戊土得祿。巳申夾午未。日月之合。四柱辰巳午申。夾
丁巳　31壬申　　　　　拱未貴。戊土歸祿於巳。丁印歸祿於午。年時交互。精氣團

結。辰中會局。甲木透干。以財滋弱煞爲用。土厚得木疏之。火暖水潤。生意盎然。運程不必定須才煞方爲美運。書曰。戊土固重。既中且正。靜翕動闢。萬物司命。非帝王之造。孰能當之。四柱八個字。無一閒雜。一字不可移易。並非見夾貴拱祿。卽是好命也。如乾隆命造。　辛卯、丁酉、　庚午、　丙子、　煞刃格。四方拱夾。精神團結。福澤雖優。而偏野桃花。乃貪淫好色之徵。一英華外露。一中正蓄藏。兩相比視。優劣自見矣。

滴天髓補註卷二

東海樂吾氏補註

第二篇上　形象格局

一　形象

兩氣合而成象。象不可破也。五氣聚而成形。形不可害也。

兩氣成象。謂干支各半。氣勢相均。有相生相敵各五局。詳任註。更有三象順序。如火土金之類。四象和協。如水木火土之類。既已成象。卽不可破。木火之局忌見金水。水木之局忌見土金。破其所成之象也。餘可類推。相敵以和解爲美。亦以破象爲忌。金木之局宜見水以解爭。忌火金之破象。水火之局喜見木以解爭。忌見土水之破象。偏輕偏重。同爲破局。餘可類推。見下坎離震兌節。五行在天爲氣。聚而成形。人稟五氣以生。得五氣之混合者。爲八正格。得五氣之專一者。爲潤下、炎上、從革、曲直、稼穡五格。既成形象。則以形象爲主。設有一二干支乖悖者。卽是破象之神。或從或化。或爲敵寡。（在日元爲從化。在年日時爲強衆敵寡。詳下強衆敵寡節）蓋全局已成形象。當順其氣勢。不可違害也。

獨象喜行化地。而化神要昌。全象喜行財地。而財神要旺。

一者爲獨。曲直、潤下、炎上、從革、稼穡、五格。以及從強、從旺、皆是也。氣勢偏於一方。其象專一。故名獨象。化者、引化也。日元氣勢太旺。宜食傷以洩之。引化其旺氣。原註云所生者爲化神。日主所生、即食傷也。日元太旺。宜洩其旺氣。故云化神要昌。三者爲全。有食傷、又有才星官星也。食傷與官星相礙。必須行財旺之地。則化食傷而生官。故云喜行財地。又才官印具備。亦爲全象。日主旺、喜行財地。財旺自生官。有官引化。財不破印。不畏其旺也。（例證詳下通關及八格正官節）又按三者全名爲全象。有官傷而無才。或有才印而無官。名爲通關。看法一也。

形全者宜損其有餘。形缺者宜補其不足。

任註、補有宜助宜生之異。損有宜尅宜洩之殊。議論極精闢。特此篇專論形象。其所謂形全形缺。自亦承上文形象而言。非泛論強者宜抑、弱者宜扶也。形全者氣勢太旺。宜有以洩之。用食傷以洩其氣。所謂損之爲美也。形缺者、如上文尅我之局。宜用印洩官煞之有餘。補日元之不足。是補之爲美也。更有四柱已成形象、而有一二乖悖之神。爲原局之缺點。行運去其病神。補其不足。以成格之全。亦補之爲美也。茲舉例如下。

丁酉　4己酉　44癸丑　此女造從革格也。年透丁火。從革之形象有缺。此爲假從。
戊申　14庚戌　54甲寅　運行辛亥壬子癸丑。尅去丁火。補其不足。幫夫興家。誥封

辛丑	24辛亥	64乙卯	一品。至寅運初。有申金回冲。安富尊榮。至庚子年。子申會
己丑	34壬子	74丙辰	局解冲。寅宮火得長生。尅夫家境一落千丈。乙卯運有酉

回冲。老境彌健。至丙運逝世。

戊戌	2庚申	此稼穡格支全四土。干透戊巳。格局甚眞。惜透丙火。火土炎燥。無生育
己未	12辛酉	之意。所謂晦火無光。於稼穡是也。獨象喜行化地。必須要行食傷運。引
戊戌	22壬戌	化其氣。庚申辛酉運最佳。壬戌運水無根。土旺地。優游自樂。亥運乙亥
丙辰	32癸亥	年逝世。無子一女。此則火土太燥。四柱無金之故也。然成象成格之造。

一生福澤自佳。此爲舍姪某命造。

二　方局

方是方兮局是局。方要得方莫混局。

此篇詞意含混。宜爲任註所斥。竊謂原文字句簡單。意有未達。方要得方者。對於未成方局而言。故云要得。言要得方之全。不可代以局。或得局之全。不可代以方。若相混、則局不成局。方不成方。非形象之全也。如李國杰命造。辛巳、辛丑、庚申、辛巳。巳丑金局。而混以申宮西方。又如公路局長朱某造。癸巳、壬戌、乙巳、戊寅。寅戌火局。而混以巳宮南方。皆不成方局者也。故云方是方。局是局。不可相混也。

方、謂寅卯辰東方。巳午未南方。申酉戌西方。亥子丑北方。、局謂亥卯未木局。寅午戌火局。巳酉丑金局。申子辰水局。詳任註不贅。

局混方兮有純疵。行運喜南還喜北。

得方而混以局。較之得局而混以方。略有不同。如甲乙木生於春三月。得方之全而混以亥未。毫無妨礙。若生於六月十月。得局之全而混以寅辰。則有純疵。故言局混方有純疵。而不言方混局有純疵也。純疵之別。即在取用行運。喜南還喜北者。如木局、生於亥月。而混寅辰。則木氣收斂。喜南方食傷之地。洩其旺氣。若木局生於六月。而混寅辰。則木枯燥。喜北方印綬之地。助其強神。所以局混方有喜南喜北之別也。

若然方局一齊來。須是干頭無反覆。成方干透一元神。生地庫地皆爲福。成局干透一官星。左邊右邊空碌碌。

方局齊來者。天干甲乙。支得寅卯辰方全。而配以亥未。或得亥卯未局全。而配以寅辰。氣勢純粹。成形象矣。須要天干一順相生。順其氣勢。洩其旺氣爲美。若天干逆其旺氣。則爲反覆。下四句、分述干頭有反覆無反覆之別。元神者、方局元來之神也。如寅卯辰方、或亥卯未局。而透甲乙是也。支成方局。干透元神。則爲無反覆。生地、庫地、皆爲旺神得地。自然爲福。若支成方局、而干透官煞。逆其旺氣。則爲反覆。

左邊右邊者。方與局皆以四正爲中心。如東方以卯爲中心。寅辰爲左右。木局亦以卯爲中心。亥未爲左右。即生地庫地也。奕碌、碌碌言其無成就也。皆爲福。原文作皆非福。竊謂成方成局雙承上句方局齊來、干頭有反覆無反覆兩義。極爲明顯。非字當是爲字之誤也。舉例如下。

己亥	17 乙丑	乙木日元。支神亥卯未成局。木之元神透出。更喜透丁。引生巳土。木火
丁卯	27 甲子	土一順相生。是干頭無反覆也。運行比刦。不致爭財。生地庫地。木神太
乙未	37 癸亥	旺。有丁火洩之。秀氣流動。宜乎得天獨厚。前程未可量也。此名法家吳
己卯	47 壬戌	經熊命造。

辛亥	11 戊子	乙生寅月。支全亥卯未。方局齊來。形象已成。而干透庚辛。是爲反覆。不
庚寅	21 丁亥	得已以亥中壬水、引化庚辛爲用。運程惟印綬化煞可行。生地庫地皆
乙未	31 丙戌	非福也。此明崇禎皇帝命造。子運戊辰年即位。丙運甲申年殉國。在位
己卯		十七年。

上文獨象喜行化地。而化神要昌。成方成局、皆獨象也。食神印綬、皆引化之神也。干頭有無反覆。乃論格局之高低。非論行運之休咎。然格局配置適宜。行運左右逢源。配置失當。行運到處荊棘。雖非論運。

而運程之休咎亦已可見。故本篇兼言運地也。

三　八格。

正官偏官正財偏財正印偏印食神傷官是也

財官印綬分偏正。兼論食傷八格定。影響遙繫既爲虛。雜氣財官不可拘。

格局有正有偏。正者、循五行之常理。財官印綬等八正格是也。偏者從五行之氣勢。專旺從強從化等六變格是也。正格名雖有八。實僅爲六。官煞財印食傷是也。財印偏正可合爲一。建祿陽刃不成專格。如因財旺而用祿刃。屬於財格。因食傷旺而用祿刃。屬於食傷。祿旺喜食傷之洩。歸入食傷。刃旺喜官煞之制。歸於官煞。若祿刃旺而無尅洩。屬於專旺。故無另立專格之必要也。變格重在形象氣勢。約分專旺、從強、從財、從官煞、從兒、化氣六格。一行得氣。卽是專旺。曲直、潤下、從革、炎上、稼穡五格是也。兩神成象中生我一局。同於從強。我生一局。同於從兒。尅我一局。同正格之煞旺用印。我尅一局。同正格之用才喜見食傷。看法相同也。本書重在看法。故於格局程式。略而不談。(請閱子平眞詮評註)正格之中。僅言官煞混雜、傷官見官、兩節。爲正格中之變局。從化辨其眞假。均看法之重要者也。

正格變格之外。有所謂雜格。約分三類。一從正格變化而出者。如六乙鼠貴、六辛朝陽、日祿歸時、飛天祿馬、井欄叉、等格皆是也。其看法同正格。(詳外格詮釋)(二)從五星沿革而來。以納音神煞配合而成者。既非五行之正變。自不在子平之範圍。特相沿成習。牢不可破。所謂影響遙繫之屬。洵宜一掃而空之也。(三)拱夾、聯珠、干支一氣、暗冲、遙合、之類。乃干支配合之關係。爲一種看法。氣勢因是而和協。四柱因是而順粹。不成爲格。譬如拱貴夾印等格。能以拱夾爲用而論休咎乎。用神另取。仍屬於正格。此不待言而明也。更有雜氣財官一類。任註辨之甚詳。如天干透出通根身庫。無待於冲。地支會合。動而得用。亦不用冲。既不透干。又不會支。藏諸庫內。固不能用。冲而被尅。又豈能用。特亦有可用者。在八字必須用財用官之場合。而四柱無可用之財官。必不得已。取庫中一點財官而用之。此類局勢。必不可冲。冲必有禍。如用戌中丁火而見辰冲。用辰中癸水而見戌冲是也。亦不可合。合必有咎。如用丑中金水而見子合。用未中乙木而見午合是也。冲則傷損。合則鎖閉。而俗以雜氣財官必刑冲而後發。或者偶有喜冲者。豈可拘執爲定論乎。

命理正格。不外乎官煞財印食傷祿刃八格。看法不外乎生尅制化會合刑冲八法。初視似乎單簡。其實強弱之間。變化無端。爲喜爲忌。幾乎各各不同。八字之中。十有八九。皆正格也。本書僅論五行之變、以及格局高低之別。貧富貴賤所由分。而於正格常軌。略而不詳。要知正格之變化。未能明瞭。何能論五行之變。看法之常經。未能盡知。何能論看法之變。是欲研習命理。非先讀子平眞詮。不能讀此書也。官煞財印食傷祿刃。互相爲用。變化全在於配合。故格局之中。孰爲正官格。孰爲財格印格。欲分類清楚。不相混合。勢有所難。子平眞詮以月令提綱爲主。然用神不盡屬於提綱。全局關鍵重心之所在。即是用神。從用神而定格局。輔佐配合。卽變化之所由生。玆舉例於下。未能盡其十一也。詳見子平眞詮評註。如能將眞詮細讀一過後。對於取用神。自不致目迷五色。勿以其淺而忽之。熟習之後。再窮其變。自得循序而進矣。

正官

正官爲用。須財以生之。則官星有根。印以衞之。則不爲傷官所害。喜身旺。行才官旺運。乃能負荷。故云以財爲引。逢官看財。

官星以月令得氣爲上。次者年時見官星。均可爲用。忌刑、冲、破、害、傷官、七煞、貪合忘官。（與日主合無害。忌閑神相合。）印多洩氣。時歸死絕。見者卽爲破格。重者無用。輕者減福。

官星不可損傷。書云。用之爲財不可刼。用之爲印不可破。然財印太旺。倘可用比刼以分之。財以損之。獨有官星太旺。只能用印以化之。不能用食傷損害官星。蓋官太旺而見食傷。爲尅洩交集。日主先受其害也。若官多從煞。不以此論。日主與官星同旬。或同遁。坐貴。或與日主干支相合。互換得貴。皆爲貴徵。如甲子見辛未。爲同旬同遁。己丑見甲子。爲干支相合。（名天地德合）互換得貴。餘仿此。

己卯印　24癸酉　胡展堂造。三奇格也。官星爲用。才印夾輔。子爲帝座。正對午宮端門。卯

丙子官　34壬申　酉爲日月出入之宮。東西對立。格局堂皇正大。無以復加。所惜者傷居

丙子　44辛未　印地。刼入財鄉。若年時互易。爲丁卯巳酉。不特貴出人上。領袖羣倫。而
丁酉才　54庚午　源遠流長。生生不息。福壽亦非尋常人所可及矣。
甲子　27己巳
印丙寅官印　37庚午
巳丑　47辛未
官甲子　57壬申

前清劉鏞命造。生於康熙廿二年癸亥十二月廿七日子時。是年十二月十九日立春。作甲子正月算。月令官印並透。乃官印格也。甲巳子丑。天地德合。初春餘寒未盡。喜太陽照暖。土木皆欣欣向榮。雖兩官並透。有印化之。不嫌其重。運行南方。太平宰相

庚寅才　30壬辰
官己丑　40癸巳
壬辰　50甲午
庚戌　60乙未

此考試院長戴季陶命造。月令官旺。寒土寒水。宜火調和。官喜財生。乃財官格也。壬辰十年。最爲落寞。癸巳之後。運轉南方。一飛冲天。正官正印之格。爲人慈祥愷悌。此則關於人之性情者也。

丁亥　11甲辰

此前外交部長伍朝樞命造。午中丁己並透。才官得用爲貴。但才官太

丙午 才官　21癸卯　旺。其重心在印。才官印全。亦可云三奇格。印爲用神。無印則身太弱。不
壬寅　31壬寅　足以任才官。雖爲才官格。而關鍵在印也。辛丑十年。本極盛之時。但丑
己酉印　41辛丑　字用神入墓。酉爲喪門。丑爲弔客。喪弔齊會。流年甲戌。才星合局。官印
並傷而歿。

更有才印交差用官。與用煞同。見下偏官格。傷官調候用官。亦與用煞同。見下傷官格。

正偏印

印綬不論偏正。身弱而見財星官煞食傷重者。皆喜印綬扶身。印綬不必當令。只要有根。皆可取以爲用。凡身弱用印綬扶身者。斷不可見才破印。不論偏正皆然。此與用之爲財不可刼。用之爲官不可傷。同一理也。唯有身強印旺、用才損印、爲例外耳。

辛亥　25丁亥　朱珪命造。生於雍正九年正月十二日未時。丙火生於初春。陽回大地。
庚寅印　35丙戌　藉木以洩春光。其用神必在印。庚辛爲忌。非才印交差也。但既見庚辛。
丙子官　45乙酉　有損印之嫌。不能不用官星化財生印。寅亥一合。化尅爲生。宜乎一生
乙未　55甲申　官海無波矣。

丁巳　28庚子　韓國鈞命造。丙火見癸。如浮雲之蔽日。喜月令卯木官印相生。爲官印
官癸卯印　38巳亥　格。大運遇才。有官星化之。遇官煞有印化之。僅戊戌十年天干合去官
丙辰　48戊戌　星。地支合卯冲辰。日元墓庫。頗呈抗涅之象。過此以後。福壽綿長。凡用
癸巳　58丁酉　印者福澤必優也。

此外才旺用印。官煞太旺用印。或食傷太重用印。皆出於配合。更有煞刃用印。屬於通關。傷官用印。屬於調候。(見下通關及傷官節) 其例不勝備舉。散見於下。不贅。

正偏財

用才皆須身旺。身旺方能任財。譬如我人精神健旺。方能享妻妾之奉。否則雖有之而不能享受也。故才旺身弱。稱爲富屋貧人。凡財皆喜祿。如建祿、(月令得祿) 專祿、(日主坐祿) 歸祿。(時支逢祿) 皆爲所喜。用財逢祿。不貴必富。刃刼見財。須以食神傷官爲轉樞。印綬幫身。須才印不相礙。此其大概也。身旺用財。最忌比刼。身弱用財。最喜比刼。財宜藏支。不宜露干。露干而見比刼運。必起爭端。所謂用之爲財不可刼也。如透干而與日元相合。爲財來就我。或財居坐下。亦爲親切。皆主富裕。財旺成方成局。日元無根。棄命相從。見下從格。

食己未　23庚午　此袁世凱總統命造。才旺生官。癸水微弱。又爲己土所制。故用才而不

煞 癸酉才 33己巳 用偏官也。用才故行食傷之地。皆爲美運。巳未夾祿。又得食神化刼生
丁巳 43戊辰 才。而才臨天乙。宜乎貴出人上。丁運丁巳年。比刼重疊爭財而殂。
丁未 53丁卯

財 乙亥 24丙子 張作霖命造。財旺生官格也。用神在財。行官運不及財運之美。蓋官煞
己卯財 34乙亥 能生印。不及財旺生官爲清也。乙亥甲十五年。爲一生極盛時代。至戊
庚辰 44甲戌 官星入墓。戊辰流年。歲運相冲。火庫爆裂。遇炸被害。
官 丁丑

庚子 27丙戌 葉澄衷命造。戊癸相合。年時財星得祿。爲生成富造也。好在日元戊寅。
財 癸未 37丁亥 坐下煞印相生。生於土旺之時。身旺能任其才。丙戌丁運。日元旺地。財
戊寅 47戊子 富日增。雖用在印刼。固眞正財格也。
壬子財 57己丑

癸酉　28庚申　鉅商某富翁造。雖用在時上歸祿。亦眞正財格也。戊癸相合。財祿居坐下。又有酉金相生。財旺極矣。必喜印劫之助。早年貧困。至己未而一發如雷。人生發跡有時。不可勉強也。

財癸亥　38己未

戊子財　48戊午

丁巳　58丁巳

以上爲眞正財格。兩貴兩富。此外如用官星。必喜財相生。用食傷皆喜財流動其氣。是爲配合用才。更有官傷交差。必須用才通關。陽刃見才。必須食傷通關。見下通關節。

偏官

偏官。卽七煞也。一位而清。名偏官。多而雜、名七煞。用煞之法。不外制與化。制用食神。化用印綬。身強煞淺。則須假煞爲權。不但無須制伏。而且喜才相生。爲財滋弱煞格也。身強煞旺。則須用食神制之。爲食神制煞格。身弱煞強。則宜用印以化之。不可用食制。身煞兩停。如陽刃七煞之類。最宜煞刃相合。不合、亦須用印以和之。偏官無單用者。必與食印才相連也。食神制煞。傷官亦能制煞。唯其力不純。較食神爲遜。乃陰陽干配合之關係也。蓋日主爲陽干。食神亦爲陽干。煞爲陰干。陰陽相制爲有力。若傷官制煞。則爲陰干與陰干相制。陽干與陽干相制。氣勢不純也。

癸未　30戊午　此閻錫山命造。身強煞旺而制輕。運行制鄉而大貴。乙木秋生。生氣內

辛酉殺 40丁巳
乙酉 50丙辰
食丁亥 60乙卯

斂。年時亥未拱合。乙木根深。殘枝枯葉。喜見删除。唯殺必須有制。方入正軌。此為制殺格之正也。

辛酉 25癸巳
丙申 35壬辰
庚子 45辛卯
殺丙戌 55庚寅

此北洋領袖王士珍命造。月令建祿。庚金秉令。干透兩丙。喜得辛金合去一丙。僅存時上一丙。身強殺弱。假殺為權。雖四柱無財。喜大運行財地以補其缺。為財滋弱殺也。

癸卯 35辛酉
殺乙丑 45庚申
己亥 55己未
己巳印 65戊午

此遜清某省巡撫馮煦命造。身殺兩停而用印。蓋寒土寒木。必須取丙火調候也。惟惜運行西北。中年未有展布。直至未運。氣轉南方。方始榮顯。戊午運開府某省。會逢光復。下野。此為國運轉移之影響。本身之運未盡也。

乙亥　16丁丑　此為兩湖巡閱使蕭耀南命造。煞刃格也。煞刃有二。(一)煞刃相合。
己卯刃　26丙子　(二)煞刃用印。用印者通煞刃之氣。見下通關節。此為煞刃相合格。所
甲申煞　36乙亥　謂甲以乙妹妻庚。凶為吉兆是也。故至乙亥運。逐漸發展。至甲運。全省
乙亥　46甲戌　最高官階。集於一身。戌運病歿於任。

丁酉　44丁未　此為前清兩江總督周玉山命造。官露煞藏。月垣七煞秉令。更有才以
壬子　54丙午　生之。身衰煞旺。宜用印以化之。運行東南。霖雨蒼生。開府兩江。為東南
丁酉　64乙巳　重鎮也。
壬寅　74甲辰

食神

食神與傷官一也。食神氣順而純。傷官氣強而雜。故傷官有用印制者。而食神唯喜生才。用法略有不同。故分為兩格。食神多見。或食傷並見。皆作傷官論。用食神必須身旺。原局有印。而食印不相礙。印藏支而食透干。更有財星透干。流動其氣。最為上格。

食甲申　24己巳　此前清阮元命造。寅中甲丙並透。為純粹食神生才格。子申一合。化印

才丙寅食才　34庚午　為刼。不傷食祿。凡食傷皆為本身秀氣。故用食傷者皆聰穎拔萃文學
壬申　44辛未　家多此類格局。而食神尤為純正一流也。食神見祿。為天廚食祿。主福
庚子　54壬申　澤食神又名壽星。主長壽。

甲午　21戊寅　宋子文院長命造。庚辰魁罡身旺。亥中壬水得祿。時上財星得祿。乙庚
才乙亥食　31己卯　相合。財星就我。為眞正食神生才格也。
庚辰　41庚辰
己卯才　51辛巳

傷官格見下傷官見官節。不贅。

雜氣財官

雜氣財官。得用者極少。蓋透出者與財官為用無二。不透出者。大都不能用。必須財官為用。而干不透出。支不會合。見運程引出。方為眞正之雜氣財官格也。至於雜氣財官喜冲之說。極不可靠。故云不可拘也。大致用神所在。必不可損傷。冲而損傷。豈不為害。逢合則重重鎖閉。亦為忌見。但合之中有分別。如戊見寅午會。見卯合。反引火出。丑見酉會。亦是引金出。若用丑中金水見子合。則忌。須以意消息之。

未可一例論也。不特雜氣財官如是。平常用神入墓。忌冲合。皆同此理。雜氣財官如運程不能引出。一生困於青氈。雖期發達。茲舉例如下。

癸巳	25己未	此前清洪承疇命造。雖是雜氣財官。年支巳宮。財官祿貴。運行南方。巳未戊午。財官引出。時在明代。雲程直上。其降清時。方在丁運中。正極盛之時。宜乎重爲馮婦矣。終於辰運。二十年富貴功名。莫非命也。
壬戌	35戊午	
癸酉	45丁巳	
壬戌	55丙辰	

癸亥	24己未	此爲友人某君造。寒儒也。同爲雜氣財官。所不同者。丑戌一刑。財官受損。而洪造巳宮財官得氣。天乙加臨。此則財官鎖閉墓庫。雖運程相同。而無法引出。出卽爲亥中壬甲所損也。十上秋闈不第。雖文學爲一邑泰斗。終老寒儒。午丁巳丙運中。爲一省視學而已。
壬戌	34戊午	
癸丑	44丁巳	
癸亥	54丙辰	

影響遙繫。

影響遙繫者。夾拱遙合等類是也。夾拱遙合。既非格局。亦不能取以爲用。不過爲八字順遂精粹之一。可以取貴而已。（見上干支總論）認爲格局者誤。一概棄置不論。亦未免因噎廢食也。如

甲申　29丁丑

甲戌　39戊寅庚辰　49己卯壬午　59庚辰此為前清曾國荃命造。從表面觀之。才官為用。官星在墓庫之中。雖合局引出而才官皆不得氣。從何取貴。細按之辰午夾巳。申戌夾酉。午申夾未。從辰至戌。一順聯珠。氣聚西南。自有一種精神暗藏。為富貴之徵。特看法仍以才官為用。運行東方才旺之地而貴顯可見影響非不可

取。特為精神所寄非取用之法也。

癸卯　23甲寅　夾拱命宮胎元。均不可據以為用。然有時亦可拱參考。如此造、癸水無

丁巳　33癸丑　根似當從才。然而巳卯夾辰水庫。胎元戊申申辰暗拱癸水。不能以無

癸卯　43壬子　根論也。水木火三象順序。順其氣勢為用。故夾拱命胎。有時亦當參用

丁巳　53辛亥　之也。

官煞

官煞相混須細論。官有可混不可混。

官煞混雜之辨。任註採用命理約言原文。議論精闢。引證詳明。大抵官喜才生。煞宜食制。所謂各立門戶也。官煞之局不一。用才生官之局。忌煞相混。用印化官之局。不忌煞混。此其一也。用食制煞之局。煞重制輕。忌煞重。更忌官助。煞輕制重。宜扶煞。不忌見官。此其二也。身煞兩停之局。最宜印以和之。身輕

心一堂術數古籍珍本叢刊　星命類　五八

煞重。忌見官星助煞。忌煞亦忌見官。身強煞輕。最喜官煞助之。所謂才滋弱煞者是此其三也。其餘均可以此意消息之。原註云、官煞不可混。爲各分門戶。可混。爲同流同止也。所謂同流同止者。官煞同爲尅我之物。祇論其尅制也。官煞混雜。除才官相生之局。宜官星清透。不宜混雜外。其餘乃是尅制太重爲忌。非混雜爲忌。用制用化均可。特制與化不宜兼用耳。

煞	丁酉	19 甲辰
官	丙午	29 癸卯
	辛酉	39 壬寅
印	戊子	49 辛丑

丙丁官煞混雜。然用印化煞。不忌相混。所謂同流同止也。運以辰字爲最美。癸字合戊。潤土晦火而生金亦佳。少年得意可知。卯運四冲全備。有破家之危。壬寅十年。亦非順境。須至辛丑。溼土生金。方能回復光榮也。

煞	癸未	7 辛酉
官	壬戌	17 庚申
	丁未	27 己未
	戊申 財	37 戊午

壬癸官煞混雜。然丁火生九月。土旺乘令。火旺土燥。宜水滋潤。喜時逢申金才生官旺。不特不忌混煞。且喜煞之助官也。辛酉庚申。一帆風順。初入社會。以知縣爲某局局長。中年之後。巳未戊午運。蟄屈家居。一無發展矣。

更如壬辰、壬子、丙申、癸巳、官多從煞。同流同止。不以混論。詳見通關節。

上述官煞忌混不忌混之辨。官弱喜煞以助之。煞弱喜官以助之。此爲同流同止。爲普通所可見。更有十干之性情以及時令之關係。而有宜混不宜混者。如庚金生於八九月。庚金剛銳非丁火煆冶不能成器。天氣漸寒。非丙火照暖。不能解寒。丙丁並見格成上上。缺一則格不全。此爲官煞宜混者也。壬水生於秋冬。支成水局而旺。喜戊土七煞以成隄防。忌見己土官星。蓋己土不足以止水。反而濁水。使壬水不清。此喜煞忌官也。七月庚金。必須丁火方能煆金。丙火無用。此喜官忌煞也。丙火見壬水。爲日照江湖。相映成輝。見癸水則陰霧障日。爲喜爲忌。須以此意消息之。故十干喜忌隨性情時令而異。不特官煞如是。正偏才、正偏印、食傷、皆同此論。普通喜財官印而忌煞傷梟。乃初學簡單程式。不宜拘執。細細體會層層深究。誠不易辨也。（參閱窮通寶鑑評註）

傷官

傷官見官最難辨。官有可見不可見。

原註傷官有財。皆可見官。傷官無財。皆不可見官。以財化傷生官。理論極精。但須看傷官與官之地位如何。若傷官與官之地位相隔。而財處其中。則傷官生才而不礙官。相尅反以相成。自不爲忌。又傷官有印。不忌見官者。以傷官爲病。以印爲藥。亦須地位適宜。方能制傷護官也。如任註所引。壬戌、己酉、戊戌、乙卯、一造。傷官爲病。用才化傷生官也。庚午、己卯、壬申、己酉、一造。月日卯申相合。用印制傷護官也。

辛未、辛卯、壬辰、己酉、一造。亦是用印制傷存官。均非傷官用官也。惟第四造癸酉、己未、丙午、癸巳、一造。火土傷官調候爲急。爲傷官用官。火土傷官本以官星爲忌。而此造年支酉金才星洩傷生官。所以官星可用。由此觀之。傷官用官。惟以調候爲最正當之用。經云傷官火土宜傷盡。金水傷官喜見官。木火傷官官要旺。土金官去反成官。惟有水木傷官格。財官兩見始爲歡。雖未可拘執。而大體可見。茲分疏之如下。

火土傷官宜傷盡。　火土傷官。生六九月。火炎土燥。滴水入之。反激其燄。然此爲理論。究之火爲日主。土爲用神。行水運。不能傷用。反爲用神所尅。潤土之燥。未爲不美。特不如金運及溼土帶金爲尤美也。若生於三月十二月。或柱有辰丑。又當別論。亦有喜見官星者矣。（火土傷官與火土印綬同一火炎土燥性質迥別。一火爲日主。土爲用。一土爲日主。火爲用也。詳見下論性情篇火炎土燥節。）

金水傷官喜見官。　金水傷官。生於冬令。金寒水冷。調候爲急。非見官星不可。

木火傷官官要旺。　木火傷官。生於夏令。火旺木枯。調候爲急。最宜見印。若甲木見丁火傷官。四柱有印滋養。而見庚金七煞在干。爲庚金劈甲引丁。反成木火通明之象。在支、生助印綬。爲煞印相生之象。官要旺者。用官生印也。

土金官去反成官。　土金傷官。生於秋令。金神用事。最宜用印制之。生於冬令。亦宜見印。爲土暖金溫。

見官無益。故以爲忌。

水木傷官喜財官。　水木傷官。生於春令。最喜見財。水旺亦宜見官。

總上觀之。傷官用官。惟金水傷官。必須用官。幾如定律。木火水木。酌量用之。火土土金。亦非定以官爲忌。格局之中。變化以傷官格爲最多。宜忌亦以傷官格爲最難辨。玆舉例如下。

壬申	35辛亥	火土傷官。喜其年時申酉。有才化傷。雖時上傷官透出。實以官星爲用。
丁未	45壬子	乃財官格。非傷官用官也。此爲前清胡文忠公林翼命造。運行辛亥壬
丁未	55癸丑	子癸丑。官星得地。功名赫弈。爲有清中興一代名臣也。（上癸酉一造
己酉		亦是此類）

甲子	40戊寅	火土傷官。雖年支子水。喜得有甲木洩之。戌土尅之。爲傷官傷盡也。以
甲戌	50己卯	甲木制傷扶身爲用。此黎總統元洪命造也。寅運光復之際。一躍而爲
丁未	60庚辰	副總統。接行巳卯。入主白宮。庚辰之後。息影林泉矣。
甲辰		

甲寅　48辛巳　此張勳命造。俗稱井欄。丙火官星塡實破格。其實爲傷官變格之一。金
丙子　58壬午　水傷官喜見官星。運行南方。威鎮江北。午字亦佳運也。以其冲子。故多
庚申　68癸未　起伏癸運傷丙火。失敗下野。
庚辰

壬戌　49丁巳　此爲曹總統錕命造。俗稱飛天祿馬。見官星塡實破格。其實亦是傷官
壬子　59戊午　變格。金水喜見官星。以丁巳十年爲極盛之時。至戊晦火生金。午冲子
庚子　69己未　水。衰神冲旺。宜爲延慶樓之覊囚。失敗下野。
丙子

丙子　32乙巳　此前清彭剛直公玉麟命造。土金傷官。丑中土金水齊透。天覆地載。情
辛丑　42丙午　和氣協。生於十二月。金寒土凍。喜見丙火印綬調和氣候。運行南方。功
戊子　52丁未　名赫弈。爲有清中興一代名臣也。
癸丑

丁酉　28乙巳
戊申　38甲辰
戊申　48癸卯
戊午　58壬寅

此前清張文襄公之洞命造。土金傷官。喜見丁火印綬。運行南方。少年科甲。次行東方。敭歷中外。此兩造好在四柱不見一點官星。爲傷官傷盡也。今蔣委員長命造。丁亥、庚戌、己巳、庚午。亦爲土金傷官佩印。運行南方。威權赫奕。固不必以金神論格而附會之也。馮玉祥命造。壬午、庚戌、己酉、庚午。亦爲土金傷官佩印。所不同者巳土臨酉。日元之氣勢稍弱。而運行東方官鄉。不及南方之美。將來運轉南方。前程未可量也。

庚戌　25丙戌
癸未　35丁亥
乙亥　45戊子
丁丑　55己丑

此前清瞿中堂鴻禨命造。木火傷官。生於夏令。而乙木臨亥。癸水透出。乙木根得滋培。故以年上庚金爲用。以印爲輔。乃官印格。非傷官用官也。運行西北。少年科甲。太平宰相。

丁丑　26癸卯
丙午　36壬寅

此金紹曾命造。木火傷官。丙丁火旺。不宜見官。喜年日兩丑。時值亥宮。調候爲急。必以亥宮壬水爲用也。中年水木運。得意可知。辛丑庚子金乙丑　46辛丑　水之地。雲程直上。辛丑運、晦金的煞。惟子運衰神冲旺。不免有起伏耳。
丁亥　56庚子

戊午　15丁巳　此康有爲命造。水木傷官。以才官兩見爲美。水木何以喜官。水旺木浮。
乙卯　25戊午　得土制之。可以培木之根。何以喜才。非火照暖。木不發榮。理雖如此。用
壬子　35巳未　則隨宜。此造水木傷官。財官兩見。運行南方。聲名揚溢。午運中、亡命國
庚子　45庚申　外、而不失其名。則以運佳逢冲波動故也。由此可悟人事與運命之關
係。失敗之後。依然到處逢迎。盛名不衰。則其爲運佳也。庚申之後。一蹶不能復振。名譽亦一
落千丈矣。

壬午　21乙巳　此魯督張宗昌命造。俗稱六壬趨艮格。亦傷官格之變也。水木傷官。以
壬寅　31丙午　財官兩見爲歡。其實喜財不喜官。運行南方。乙巳丙午丁廿五年。由草
壬寅　41丁未　莽一躍而開府專閫。至於揮霍之豪。內寵之多。則由於財旺之徵。未運
壬寅　51戊申　失敗下野。權位並失。戊申運遭仇殺殞命。

以上爲五種傷官格局。至於傷官見官。用法有二。(一)以財化傷生官。(二)以印制傷護官。更有制

心一堂術數古籍珍本叢刊 星命類 六六

化並用者。看其地位如何而定也。舉例如下。

戊寅 21癸亥
才庚申財 31甲子
己丑 41乙丑
官甲子 51丙寅

以財化傷生官也。凡傷官見官。必須看其勢之強弱。如官星弱而無氣。則去官用傷可也。如此造兩不能去。必須並存。乃成問題。官星合於日主。互換得貴。又得祿於寅。官星萬無可去之理。而庚金爲月令當旺之神。更不能去。非用財星。不能並存也。早年金水。幼慧而多病。戊癸運中。頹廢異常。交入亥運。精神奮發。納貲爲部曹。接行甲子。爲名議員。爲紅司官。乙丑之後失職。爲某公司秘書。鬱鬱不得志。

印甲午 21辛未
傷戊辰 31壬申
丁未 41癸酉
官壬寅 51甲戌

以印制傷護官也。戊壬均透自辰宮。子平眞詮所謂無情也。好在甲木透而通根有力。制住戊土。以護官星。特官星被傷。無才不能取貴。上造所謂異路功名莫說輕。日元得氣遇財星。此造無才。僅爲商界之雄。尤幸運行西方財地。洩傷生官。補其缺點。經營商業。一帆風順。貴不足而富有餘矣。

印戊子 15戊午
官丙辰 25己未

此亦以印制傷護官也。生於三月。木有餘氣。丙火向旺。故午運之中。名登秋榜。爲名孝廉。究以木氣未透。不能更上一層。己未運中。

辛酉　35庚申　政界活動、庚申辛酉運。金水之氣太旺。無發展之可能。

傷壬辰　45辛酉

四　從化

從得眞者只論從。從神又有吉合凶。

任註論從。有從旺、從強、從氣、從勢之別。其理甚精。從強從旺之看法。已於上文形象方局篇述其義。下文更於剛柔順逆節中其旨。從食傷有順局一篇專釋其義。此處從與化並論其專指從才、從官煞、無疑。所重者、爲眞假吉凶耳。從、有陽干陰干之別。陽干從氣不從勢。陰干不論氣勢皆從。上文論干篇已詳述之。原註論從。謂日主孤立無氣。四柱無生扶之意。何謂生扶。印綬是也。故柱見印綬。決不能從。以印綬爲忌。必以尅洩爲喜。故從局以下無印綬、而有尅洩、爲主要條件。分述於下。　從氣。日主臨於絕地。(年月日時在病死絕胎養之地)本身之氣已絕。所從之神。(財官煞)臨於長生祿旺之地。其氣方張。四柱無印綬生扶。而干透官煞。(從官煞)或食傷。(從才)則爲從之眞。否則。四柱雖無生扶。亦無尅洩。兀然獨立。毫無損傷。亦難以眞從論也。　從勢。所從之神。成方成局。其勢極盛。四柱無印綬生扶。而有官煞之尅。或食傷之洩。則爲從之眞。如見官煞。(或食傷)而兼見印綬。則官煞之氣生印。不能言從也。

從化本爲一格。如甲己相合。生於四季月。支聚辰戌丑未則化土。若生於春月。支全東方或木局。則妻從夫化、從木。丙辛化水。生於夏月則從火。戊癸化火。生於冬月。則從水。（參閱子平四言集腋逐月理化表）更有甲己化土。土木皆失時失地。而官煞成方成局則爲鬼。象見神趣八法。從化格局。變化非一。此特論其眞假耳。

廣洽鄉與施再邨

丁卯　午爲沐浴之地。庚金雖弱。其氣方生。丙丁交尅。而有巳土透出。官印相生。不能言從。
丙午　惟身弱官煞太旺。喜行印刼之地耳。參閱煞印相生節。
庚午
己卯

戊辰　寅爲壬水病地。天干尅洩交集。壬水不能不從。惟年支辰庫。壬水通根。從象非眞。乃
甲寅　假從也。
壬戌
丙午

右兩造詳見論天干篇。

伍廷芳與許世英

壬寅　地支亥卯未全而逢寅。方局齊來。乙木透出。木氣極盛。雖透丁火。爲壬水所合。反而

丁未　化木。不得不從其勢。此伍廷芳命造。

巳卯

乙亥　詳論干篇。

癸酉　地支巳酉丑會局。兩辛並透。然有癸水透出。化煞生身。煞雖旺不能言從。只能以食

辛酉　傷制煞爲用。此爲許世英命造。

乙丑

辛巳

從神吉凶。在於配合之純雜。格局之眞假。運程之是否助旺。前已言之。更有由於干支性情時令宜忌者。是唯窮通寶鑑有此辨別。特不明言。非仔細體會不能知耳。

丁未　1乙巳　辛金生於午月。干透甲丙丁。支聚卯午未。木火之氣旺極。丙辛化水從

丙午　11甲辰　火。從象極眞。凡成格成象之造。出身必富貴。而此則平常士庶之家耳。

辛卯　21癸卯　運行辰癸。逆其旺勢。固非美運。然究係東方之水。何致危及生命。此爲

甲午　　友人之子。本肄業於江灣立達學園。一二八之役。已返家度歲矣。忽堅欲返校。一去不返。竟犧牲其生命。窮通寶鑑云。庚辛生於夏月。要壬癸得地。若木多火多。不見金水。逢金水運必敗。雖不言從。而木多火多。不見金水。其從必矣。夏金宜用食傷。不宜從煞。逢金水運。有生命之危。與別干之從煞有殊。更與春季之從才有別。可見從神更有吉凶。不僅純雜眞假之辨。非經驗不能知也。

化得眞者只論化。化神還有幾般話。

化與從相似。須化氣之神。乘旺秉令。原來日干。氣勢衰絕。方能相合而化。更須見辰。五運遁干至辰。必爲化氣元神之地。如甲己化土。遁干至辰。必爲戊辰。乙庚化金。遁干至辰。必爲庚辰。名爲逢龍而運。乃化氣元神之地也。原註甲日生於四季。單透己土。於月時上合之。不遇壬癸甲乙戊己。而有辰字。方爲眞化。試分述之。(一)須月時之干相合。若年干己土。相隔太遠。不能合化。(二)壬癸、印綬也。甲乙。比刧也。均不可見。重見己土。則爲爭合。亦爲不可。若戊土幫助化神。見辰必遇戊字。爲化氣元神。非特不忌。且喜見也。凡從格、以所從之神爲用。化格、以生我化氣之神爲用。不論眞假皆同。如化氣過於旺盛。亦

心一堂術數古籍珍本叢刊　星命類　七〇

可用洩。究爲少數。若尅抑則萬不能用。蓋從化皆以全局氣勢偏於一方。不能不順其氣勢而行。過旺用洩。爲引其性情。決不能逆其旺勢而用尅也。化神所忌。亦以逆其旺勢爲重。而還原並非大忌。譬如甲己化土。行運至甲乙寅卯。非忌其還原。忌其逆土旺氣也。乙庚化金。不忌甲乙寅卯而忌丙丁、巳午。丙辛化水。忌見戊土。丁壬化木。忌見庚金。戊癸化火。忌見壬癸。其理一也。故原註云譬如甲巳化土。原局化合甚眞。歲運再遇甲或己。則如烈女不事二夫。並不因之破格也。若原局一己二甲。氣勢雜亂。豈能化合乎。引證詳任註不贅。化神必須行旺地。若無旺運相助。亦平庸也。舉例如下。

丁巳　29庚戌
丁未　39辛亥
壬寅　49壬子
壬寅　59癸丑

此女造也。丁壬化木甚眞。惜生於六月。化氣失時。柱無辰字。木氣枯燥。喜印潤澤。酉庚運尅夫。亥壬子癸二十年。印綬得地。以一婦女而居積致富數十萬。亦足以自豪矣。此爲予親族之造。知之甚詳也。

丁未　8癸卯
甲辰　18壬寅
己酉　28辛丑

甲己化土。生於三月。土旺之時。時逢戊辰。元神透露。年見丁火。生助化神。格局更眞。惟支見辰酉合金。暗洩化神之氣。外強中弱。以丁火爲用。運行癸卯壬。有戊土回尅。酉金回冲。逢凶得解。原來格局甚高。頗有欣戊辰　38庚子　欣向榮之象。至寅。逆土旺氣。原局無解救之神。一蹶不振。辛丑庚子。洩土之氣。雖期挽救。如此佳造。而無南方火土助之。則亦徒然耳。此亦爲予親族之造。知之有素也。

以上兩造。皆化氣之眞者。非假化可比。然其中皆有缺點。故同一成格成局之中。有高低之分。吉凶之別。變化多端。與八正格相同。不可概以富貴論。故云化神還有幾般話也。

眞從之家有幾人。假從亦可發其身。假化之人亦多貴。異姓孤兒能出類。

日主孤弱。財官強旺。不能不從。而日主有微根。或有印生助。便是假從。從才而食傷不透。或柱見比刼。從官煞而官煞不透。或柱見食傷。亦是假從。化神旺相。月時得氣。日主孤弱。不得不化。日主帶根苗。有刼印生扶。便是假化。化神見尅制。或見洩氣。亦是假化。詳見任註不贅。凡格局純粹而眞者。出身地位自高。行從化旺鄉。飛皇騰達。固無論矣。尋常之運。雖無發展。亦不失其地位。只要不行逆旺氣之鄉。無失敗之虞。蓋其原來之格局高也。若不純粹而假。行從化旺鄉。與眞從眞化無別。一樣可以取富貴。但此爲一時之順運。未交運前。必然寒素。運過之後。即回復其原來之狀況矣。

壬午　25巳酉　此浙西劉某造。壬癸無根。生於五月火旺之時。丙火透干。時値甲寅。洩
丙午　35庚戌　水生火。從才格極眞。癸巳天地相合。壬見午中丁火亦合。氣勢格外純

癸巳　45辛亥　粹。（見上天合地節）故行戊申己酉庚等運。生助癸水。洩火之氣。依

甲寅　55壬子　然安富尊榮。毫無所礙。戊運會齊火局。爲一生最活動之時。至亥壬子運。逆火旺勢。一落千丈。然百足之蟲。至死不僵。則以原來之格局純粹而眞也。此爲眞從。

己巳　26庚午　此爲吳星垣命造。假從也。上文許世英命造。癸酉、辛酉、乙丑、辛巳、有癸

癸酉　36己巳　水透出。化煞生身而不從。此造更多一甲。何以反從。不知許造癸水無

乙丑　46戊辰　僞。此造有巳土貼身相尅。甲木在時。不能制才護印也。甲乙皆無根。巳

甲申　56丁卯　酉丑三合。時逢申宮。故不能不從煞矣。巳土雖能制癸。究嫌制之無力。癸水通根。故爲假從。若見戊土。卽爲眞從。運行南方。逆金旺氣。商業失敗。幾至破產。戊辰十年。重振旗鼓。致富數十萬。交入丁運逝世。

癸丑　23癸丑　此前清駱秉章命造。丙辛化水。支全子亥辰丑。化氣成矣。時干透戊土。

丙辰　33壬子　逆其旺勢。格成假化。妙在運逢癸丑壬子辛亥。一路北方金水旺鄉。助

辛亥　43辛亥　其氣勢。勳名鼎盛。爲一代中興名臣。

戊子　53庚戌

戊子　15癸亥　丙火生於八月死地。支聚酉丑子申。金水會局。不能不化。以戊巳並透。
辛酉　25甲子　阻金水之氣爲病。化格甚眞。出身貴胄。原局有病。故不能大得意也。甲
丙申　35乙丑　子乙丑二十年。干能去病。爲最得意時代。惜乎佳運已過。凡命與運相
己丑　45丙寅　聯。金水潤下之勢。而時逢己丑。名爲引入溝渠。晚運必差。上造時臨旺
地。雖同一從化格局。優劣分矣。此兩造皆假化格。

五　順局

一出門來只見兒。我兒成氣構門閭。從兒不論身強弱。只要我兒再見兒。

相生爲順。明通賦云。全印全冲全制全食。命強無破。則祿受千鍾。全制者傷官成象。全食者食神成象。凡氣象已成。總宜順之而行。全傷全食。氣勢格外純粹。食傷並見。氣勢同屬一方。亦不爲混。只要運行財地。洩食傷之氣。未有不富貴者。所謂兒又遇兒也。順局與兩神成象中之我生一局。同一看法。特我生爲兩神並立。勢均力敵。順局則食傷成形象。故云成氣構門閭也。日主孤單。不得不從。凡食傷洩秀。必爲聰明絕頂之人。詳任註。然此類格局非可一例而論。舉例如下。

甲寅　29甲子　此女造也。干透甲乙。支全寅卯。從象甚眞。尤喜月干丁火。爲吾兒又遇
丁卯　39癸亥　兒也。惜運行北方水木。雖不忌比刼。究非佳運。用神旺者喜洩。行財濕

癸卯　49壬戌　洩食傷之氣。雖爲婦女。幇夫興家。必有事實可見因運行北地。柔儒無
乙卯　59辛酉　能格局完美誥封一品。歿於辛運。

戊辰　11丁巳
乙卯　21戊午
壬寅　31己未
甲辰　41庚申

此一孩造。干透甲乙。支全東方。從兒格也。現行丁巳。聰明絕頂。必然早發。惜運至四十爲止。好運交得太早。爲美中不足也。

丁未　2乙巳
丙午　12甲辰
甲午　32癸卯
丙寅　42壬寅

食傷成象。而日主孤單。爲順局從兒格。此類格局。須看干支性質。未可一例論。如水木、土金、金水、從兒。皆美。如木火、則木被火焚。火土、則土多火晦。母旺爲美。子旺反傷其母。如此造滿局皆火。木必自焚。非佳造也。

六　反局

君賴臣生理最微。

反局之法。須先明五行反生反剋之理。不僅日主有反生剋。用神亦常有之。反用逆用是也。徐大升元理賦。言反生剋之理甚精。詳眞詮評註。君賴臣生者。用才破印也。木賴水生。水旺木浮。以土制水。木賴以榮。火附木生。木多火塞。以金剋木。火賴以存。土從火生。火多土燥。以水制火。土賴以潤。金從土出。土多金埋。以木剋土。金賴以顯。水自金生。金多水冷。以火制金。水賴以溫。是卽反生之理也。君者日主也。譬如慈母過於溺愛。反害其子。得忠臣義僕。節制其母之愛。卽所以扶持其幼主也。任註云印雖旺而才星有氣。可以用才破印。所謂才星有氣者。才有食傷之生。而合於日主之需要也。如任註所引壬辰一造。甲木坐寅。寅中丙火生戊。生於子月。寒木向陽。得戊土止水培根。木卽繁榮。甲木需要火土。而火土適來扶助也。壬戌一造。戊爲火墓。其理相同。若己巳一造。卽有疑義。戊午一造。土生孟夏。宜水滋潤。而原局無水。然得春闈奏捷者。幸得金水歲運助之也。可見日元需要之物。卽爲原局所無。亦必待其來配合。方能成就。特歲運時時更易。一經變換。乃爲偏枯之局。故書云根在苗先。無根之苗。容易枯萎也。參閱任註滴天髓徵義。

任註云。印雖旺而財星有氣。可以用財破印。說理甚精。特所謂財星有氣無氣。以及可用不可用之辨別。未有顯明之界說。竊謂能否用財破印。當以原局是否透官煞爲斷。如身強印旺。原局無官煞而有食傷。則當以財破印爲用。君賴臣生是也。若身單印旺。原局透官煞。則財星雖通根有氣。亦不能用。蓋須用印化官煞。見財爲貪財壞印。是爲母慈滅子之局也。（見下母慈滅子節）財旺無印。見官煞。爲夫健怕妻之局也。（見下夫健怕妻節）

戊辰　47己未　此國府主席林森命造。丁火生於正月。支全寅卯辰東方。干透甲木。木
甲寅　57庚申　旺火塞。用酉金損印。乃所以存火。四柱無官煞。爲君賴臣生也。更喜巳
丁卯　67辛酉　土透出。才星有氣。凡八字。時爲晚年歸宿之地。喜用在時。晚運必佳。庚
己酉　77壬戌　申辛酉。才星得地。貴爲元首。

兒能生母洩天機。

母爲日主。則食傷爲兒。兒何以能生母。則以合於日主之需要也。財合於日主之需要。則臣能扶君。食傷合於日主之需要。則兒能生母。譬如木生冬令或初春。見金七煞。在理煞宜印化。然用印、則水凍木凋。陰濃濕重。木之根腐。寒木向陽。必須用火。以火制金。實以生木。即使四柱無金。亦非用火不可也。金生夏令。火旺乘令。用土洩火生金。則火土燥烈。金反脆弱。必須用水。以水制火。潤土。金賴以存。故兒能生母。與食傷制煞有別。食傷制煞。非身強不可。否則尅洩交加。此則有反生之理。兼制煞之用。不論日元之強弱也。

壬申　29丙辰　乙木生於十二月。氣候嚴寒。生機不暢。時逢巳宮。暗藏丙火。有寒谷回

癸丑　31丁巳　春之象。爲兒能生母。辛金七煞雖透。然調候爲急、煞印均退作緩圖。概

乙丑　49戊午　置不論。乙卯丙辰。木生火旺。少年科甲。丁巳戊午二十年。雲程直上。宦

辛巳　59己未　海無波。己未之後。洩火生金。退歸林下矣。

母慈滅子關頭異。

母慈滅子。印綬成方成局。形象已成也。上順局爲食傷成形象。此則爲印綬成形象。旣成形象。只能順其氣。不能逆其勢。故印雖旺。日元並不需要才來破印。如任註所引癸卯一造。火生孟春。木旺成象。以全局氣勢爲主。只能火以洩之。不能金以尅之也。戊戌一造。金生暮春。支聚四庫。只能以金洩土之氣。不能以木尅土也。丙戌壬子兩造均同。不但財星違逆其氣勢爲忌。卽食傷與印綬相戰。亦非所宜。故形象篇云。合而成象。象不可破。聚而成形。形不可害。卽此意也。（參閱滴天髓徵義）又印爲母。日元爲子。比刼爲母。食傷爲子。如比刼滿局。食傷孤單。亦是母慈滅子也。詳下慈母恤孤節。

復次任註君賴臣生局中。印綬雖旺。柱中財星有氣。可以用財破印也。母慈滅子者。縱有財星而無氣。未可以財破印也。其理極是。特有氣無氣。不易辨別。其所以不能用財破印者。因局中印旺而兼透官煞也。如見財星。則破印未成。反而黨煞。試按徵義母慈滅子節所引各造。皆透官煞。而君賴臣生節所引各造無之。可知財星能用不能用之別。在此而不在彼也。

戊戌　1壬戌
辛酉　11癸亥
壬寅　21甲子
辛丑　31乙丑

此孫君景揚命造。俗所謂煞印相生也。重重印綬。寅中丙火。會戌成局。不爲無氣。然不能取財破印者。則以戊土七煞透出。一見財星。黨煞破印而尅身。日元本弱。賴印以存。何堪印破煞尅。此造亥子運。少年公子。歷任要職。丑運金印入墓。戊煞旺地。丙子年。子丑合而化煞。財星破印黨煞。覆車殞命。運亦至此止矣。可見局中無煞。身印兩旺者。必須用財破印。即使原局無財。亦必待財運而後顯。爲君賴臣生也。若印旺而日元孤單。局中透煞。不可見財。一見財星。必然有禍。爲母慈滅子也。普通貪財壞印之局。爲官煞太旺。藉印化之。不能見財破印。容易辨別。此則印旺不能見財。易起疑誤。要知官煞雖有強弱。既用印化煞。則用神在印。不可破壞。其理相同也。

夫健何爲又怕妻。

夫健怕妻者。財成方局形象也。才雖旺。日主通根而強。不能相從。四柱又見官煞。在全局配合。只能用才。而不能用才生官。爲夫健怕妻。故其看法與兩神成象篇中我尅一局有別。彼無官煞。可以用食傷生才。此有官煞。只能用印化煞。以刧護印也。任註所引證一造。癸亥、甲子、戊戌、癸丑。亥子丑支類北方。甲木無氣。戊癸相合。日元之情。向財而不向官。才之情亦向日元而不生官。故只能以才爲用。雖用才。

而其所喜則爲印刧。偏行財旺運則黨煞尅身。故云怕妻也。此造喜得戌庫中暗藏丁印。有刧護印。才不能破。土暖水溫。吉神暗藏。(兼調候之用) 運行南方火土之地。制才化煞。宜乎位至方伯。其官囊不豐者。氣勢太寒故也。此外四造。理亦相同。惟不及此造純粹而貴。舉例如下。

乙亥	24丙子	某富商造。乙木官星得祿於卯。爲當令旺神。但戊癸相合。日元向才。才向日元。不去生官。只能以才爲用。戊辰魁罡。比刧相扶。爲身健。運忌見才。官有才生。必來尅身。故怕妻。任註癸亥一造能取貴者。以坐下戌庫藏印。化煞爲權。生於冬令。得調候之用。此造才不生官。而官星制刧護財。故取富。運行戌字。運歲火土。盛極一時。癸運中惟己巳庚午辛未三年爲佳耳。
己卯	34乙亥	
戊辰	44甲戌	
癸亥	54癸酉	

君不可亢也。貴乎損上以益下。臣不可過也。貴乎損下以益上。

君臣父子四句。總結上文。君者主也。八字中以日元爲主。故以日主爲君也。官煞才印食傷等所用之神皆臣也。亢者。旺逾其度也。日主成方局則君旺逾度矣。才官等成方局則臣旺太過矣。日主旺而財星輕。用食傷洩日主之氣以生才。或以官煞制刧以護財。皆所以損上益下也。如獨象之喜行化地、全象之喜行財地。皆是也。才官旺而日主輕。用印以化官煞。或用刧幫身制才。皆所以損下益上也。如君賴臣生、夫健怕妻等局。皆是也。

知慈母恤孤之道。乃有瓜瓞無疆之慶。知孝子奉親之方。始能克諧大順之風。

母子者。印爲母。日元爲子。日元爲母。食傷爲子。印綬成方局而日元孤。宜行比刦之地。日元成方局。食傷孤。宜行食傷之地。陰及子孫。慈母恤孤之道也。如母慈滅子等局是也。日元成方局而印孤。宜行官印之地。食傷成方局而日主孤。宜行比刦之地。迎養父母孝子奉親之方也。即非成方局而氣勢成象。理亦相同。食傷成象而日元孤。同上順局。茲舉例如下。

庚辰　29戊子
乙酉　39己丑
癸卯　49庚寅
庚申　59辛卯

此行政院孔院長祥熙命造。乙庚作合。卯申又合。皆化爲金。全局皆印。繼善篇云。獨水三犯庚辛。號曰體全之象是也。母旺子孤。即是母慈滅子。不能用財破印也。最宜壬癸比刦旺地。次者金木順其氣勢。亦爲美運。唯忌火土逆其旺勢也。

丁酉　28己酉
壬子　38戊申
癸亥　48丁未
壬子　58丙午

此某名人命造。全局皆水。年干丁火。被壬合去。年支酉金。孤單。爲子旺母孤。己酉戊申二十年。官印之地。順其氣勢爲美。運入南方。羣刦爭財。雖在名利之場而財源日竭。氣勢不順故也。

自怡藕絲印泥值例

自怡藕絲印泥。為本齋主夏自怡氏創製。歷時數十寒暑。選材研治。調拌收藏。均具深切探討。泥能脫缸。更能脫印。歷久而潤澤如新。經水火塵刼而不變。製法精微。啓前人所未發。敢謂空前絕後之作。他如冬夏不燥不浸。尤其餘事。今世不乏　鑑賞明哲。幸祈　審察擇之。分訂八品。其值如下。

神品陳硃藕絲印泥	每兩五十元	妙品劈硃野艾印泥	每兩三十二元
高品大片鏡硃印泥	每兩二十四元	精品中片鏡硃印泥	每兩十六元
超品大魁紅硃印泥	每兩十元	優品中魁紅硃印泥	每兩六元
上品玫瑰紅硃印泥	每兩四元	佳品箭頭硃印泥	每兩二元

總發行所惜陰書齋

寓址上海北京路瑞康里念號

滴天髓補註卷三

東海樂吾氏評註

第二篇中　體用精神

道有體用。不可以一端論也。要在扶之抑之得其宜。

體用兩字。今人每多淆亂。從來命書中未曾加以辨別。如云用才生官。以食制煞。究竟才生官者。才爲用乎、抑官爲用。食神制煞者。食爲用乎。抑煞爲用。此皆體用未分也。子平眞詮云用神專求月令。必有格局。格局者。體也。此誤體爲用也。以體爲用。眞正之用神無以名之。名之爲相神。相之外更有輔助救應之神。無可位置。要知輔助救應者。乃爲相神。又名喜神。喜與忌相對。見下引證任註、成方局形象者。以方局形象爲體。此指氣勢偏旺之外格而言。無形象氣局者。專以日主爲體。則體不完備。稱謂體者體象體段也。八正格之體。專求月令。如木生於春。月令祿刃。當以春木爲體。祿刃宜官煞以制之。或食傷以洩之。此官煞、或食傷乃用神也。木生於夏。夏木爲體。卽木火傷官。夏木宜水滋潤。爲傷官佩印。是以印爲用神也。木生於秋。月令官煞。秋木爲體。宜用才生煞。宜食制。是以才與食爲用神也。木生於冬。月令印綬。冬木爲體。寒木向陽。是以食傷爲用神也。故體有定而用無定。用者隨配合需要而生。如局勢轉移。支成方局。則以日干與所成方局合爲一體。而別取用神。譬如火生於春。而丙臨辰位。時又逢子申。子辰會局。才煞肆逞。則以火水未濟爲體。而以月令印綬爲用。火生於夏。夏火爲體。時逢戊戌食傷有氣。則反以火土傷官爲體。而以別支之才印爲用矣。故云不可一端論也。

扶抑者。用神之作用也。或扶日元而抑月令之神。或扶月令而抑日元。同一扶也。有用印用劫之別。同一抑也。有宜尅宜洩之分。復次旺者宜抑。有旺不可抑者。從強從旺。順其氣勢爲用。弱者宜扶。有弱不可扶者。順其氣勢。從才從官煞爲用。（詳見任註本節及損有餘補不足節）用有種種不同。要在得其宜而已。茲就體用之辨。略舉數造爲證。

戊辰　48己未
甲寅　58庚申
丁卯　68辛酉
己酉　78壬戌

此國民政府林主席森命造。丁火生於正月。春火爲體。寅卯辰成方。寅中甲木透出。卽印綬也。木多火塞。以才爲用神。其作用在於損印。才星孤立。得己土護之。運逢比劫。不致被奪。己土輔用爲喜神也。早行南方火土之鄉。不能展其抱負。交入庚申辛酉用神得地。貴爲國府主席。

丁卯　42戊申
癸丑　52丁未

此蔡孑民先生命造。丙火生於十二月。冬火爲體。申子會局。丑中癸水透出。火衰水旺。卽正官格也。通水火之氣。化官星而生日元。非印綬不

丙申　62丙午　可。必以卯印爲用也。寒木力薄。丁火助之。癸水傷丁。戊土合之。丁戊皆
戊子　12乙巳　喜神也。前運僅戊字爲美。交入丁未丙午。喜用得地。貴爲中央研究院院長。

體用兩字從來命書中未有顯明界說。互相混用。相沿成習。閱者極宜注意。如原註二三四五用神句。任氏斥之。誠是也。用神不能有兩。豈有四五之理。要知此句。卽混體爲用也。如上林圭席造木多火塞。倘以木爲用。卽四五用神矣。總之用有賓主。體亦有賓主。日主者體之體。月令者體之用。用神者用之體。喜神者用之用也。體用分清。卽不致賓主淆混矣。

更有從化專旺等格局。皆以全局氣勢爲體。化局以生我化神爲用。從局以所從之神爲用。專旺等局。以順其氣勢引其性情爲用。更有兩神、三神、四神成象者。以所成形象爲體。斟酌配合取用。更有一神一用者。同兩神成象。專以日主爲體。另一神爲用。體用之辨別既明。方能論用也。

復次術數之學。源於易理。譬如易之離卦。外陽內陰。是其體也。一爻變而成艮。二爻變而成乾。是其用也。命理之體用。亦猶是耳。特世俗混淆。相沿成習。驟立異說。反使閱者茫無頭緒。故下文仍依照俗說。閱者勿以矛盾見責也。

人有精神。不可以一偏求也。要在損之益之得其中。

精神兩字。屬於無形。凡八字之優者。皆有其精神。精神出於配合。如干支篇云。天地順逆而精粹者昌。順遂精粹四字。卽是精神。用神之有情無情有力無力以及干支地位之後先。寒暖燥溼之適宜。皆爲精神之所寄。故不必分別何者爲精。何者爲氣。何者爲神。如下文源流清濁眞假等節。皆所以明精神之有無也。清濁節云。一清到底有精神。能一清到底。精神自顯。四柱干支順遂精粹。卽是一清到底也。澄濁求清。寒谷回春。皆精神之所寄也。(見下)特八字雖同具精神。而有高低之殊。其中分別。要在配合損益之中。此不能以言語形容。舉例於下。

庚寅　17庚辰
戊寅　27辛巳
甲子　37壬午
丙寅　47癸未

此爲廣東領袖陳濟棠命造。寅中甲丙戊並透。天覆地載。上下有情。子寅拱丑。三奇得貴。初春木嫩氣寒。得丙火之照暖。更宜雨露之滋培。用神雖爲丙火。而甲子坐印。水火旣濟。寒暖燥溼適中。卽精神之所在也。

庚寅　14庚辰
戊寅　24辛巳
甲戌　34壬午

此楊化昭命造。與陳造僅差一字。子易爲戌。而精神迥殊。陳造甲子坐印。木之根株得以滋潤。此則日元坐戌。木燥而枯。同以食神爲用。而精神遠不如也。

丙寅　44癸未

丁亥　28丁未　此蔣委員長命造。土金傷官格也。秋季金神乘令。土旺用事。午戌會局而透丁火。金神強而得火制之。自有一種威武不屈之精神。所謂金神入火鄉。決爲武貴也。復次。土爲本氣。金爲餘氣。火爲驀神。體用同聚於戌宮月令之中。又同透天干。與陳濟棠造甲丙戊聚寅同爲聚得眞。又是天覆地載。爲一種眞精神也。運入南方。所向成功。爲全國之領袖。

庚戌　38丙午

己巳　48乙巳

庚午　58甲辰

壬午　21癸丑　此爲副委長馮玉祥君命造。同爲土金傷官格局。土金當旺。午戌會局。體用皆同。但蔣造透丁火。而此則透壬水。制傷之力。略嫌不足。蔣造己土坐巳。身臨祿旺之地。而此則己土臨酉。坐下洩氣。雖皆具一種精神。而氣勢稍遜。兩相比較。高低自見。馮之運行東方。與金神相對戰。運程亦較遜也。

庚戌　31甲寅

己酉　41乙卯

庚午　51丙辰

月令提綱之府。譬之宅也。人元用事之神。宅之定向也。不可以不卜。生時歸宿之地。譬之墓也。人元用事之神。墓之穴方也。不可以不辨。

命造中之體用精神。從何決之。即從月令生時決之也。看命之法。年爲本。日爲主。月令生時。則爲所經之路。與所到之地也。故月令名爲提綱。綱者、綱領也。配合雖統看四柱。而日主用神之旺衰當令與否。端在月時。月者、年之序也。時者、日之序也。人元用事之神者。支中所藏之神透出天干。或支神會局。爲全局之原動力。如宅墓之有定向。其餘干支均覘其趨向而定從違。故云不可以不辨也。人元用事分野。相傳甚古。不知所始。各書所載多寡微有不同。（大約始於京房易從卦氣推算而出。未知其源。不敢妄測。）如以每年三百六十日。五行各旺七十二日分配之。應如下表。

寅月　丙戊共十二日。　甲木十八日。

丙火長生。戊土寄生。則丙火生時。即戊土生時也。土寄四隅。巳有專旺之四季月。寅申巳亥爲寄生寄旺之地。不應再分占余水木火之領域。故以同生同旺論。

卯月　甲木六日。　乙木念四日。

辰月　乙木九日。　戊土十八日。　癸水三日。

巳月　庚金十二日。　丙戊共十八日。

午月　丙火六日。丁巳共廿四日。

未月　丁火九日。乙木三日。己土十八日。

申月　壬水十二日。戊土共生。氣斂而用弱。庚金十八日。

酉月　庚金六日。辛金二十四日。

戌月　辛金九日。丁火三日。戊土十八日。

亥月　甲木十二日。壬水十八日。戊土同旺。氣寒而用藏。

子月　壬水六日。癸水念四日。

丑月 癸水九日。 辛金三日。
己土十八日。

以上大致分配。命理之用。不過如此。要知五行無時無刻不流行於天地之間。特氣有生旺休囚之分。用有進退行藏之別。此不過舉其大概。譬如寅月。三陽開泰。陽氣發動。丙戊均爲方生可用之氣。如是而已。如拘執某日某時爲丙火司令。某日某時爲戊土司令。有丙則無戊。有戊則無丙。決無此理。至於一時之中。更辨其初刻爲何神用事。二刻三刻爲何神用事。更爲不可能也。惟生在節氣交脫之際。或在上下兩時之間。則以司令之神爲重。蓋氣候逐漸轉移。不可拘執原來支辰所藏人元也。舉例如下。

壬子 生於民國元年二月十八日午時。是日午初三刻十二分。交清明節。生上
癸卯 甲辰 半時。爲二月節。生下半時。爲三月節。應作甲辰月推。然不論其爲二月三
辛亥 月。其爲乙木司令則一。氣候逐漸轉移。無突然改變之理。清明後十日內。
甲午 猶是乙木秉令。不必拘執月垣所藏爲何物。當以金水木三象順序相生
爲用。乃三神成象也。

癸巳 10乙卯 生於光緒十九年三月二十日午時。是日申刻。交立夏節。午時猶是三

丙辰　20甲寅
壬寅　30癸丑
丙午　40壬子

月。月垣辰宮水庫。必作財旺身弱看。當取癸水幫身爲用。不知時將立夏。土正當旺。火氣已進。墓庫滿渠之水。餘光返照之氣。爲火土所熇乾。壬癸不能不從才。從格破格又無其他用神可取。年見癸水，幼失怙恃。依其叔撫養成人。其叔固富貴有餘之家。乙卯甲寅運。雖寄人籬下。而蔭庇之下。享用現成。其樂陶陶。寅運畢業。服務於教育界。地位亦頗清高。然人情每不滿於環境。況舉從之間。相形之下。每思奮跡雲霄。一至癸運。棄家不顧。孑身至外洋。十餘年來。流離顛沛。不知所終。此造若拘執辰宮水庫。不從節氣進退推之。必作財旺身弱看。癸丑之後。應推其一帆風順而爲大富翁矣。

能知衰旺之眞機。其於三命之奧。思過半矣。

得時則旺。失時則衰。五行之正理也。太旺宜洩。旺極宜生。太衰宜尅。衰極宜洩。氣勢偏旺於一方。宜順其氣勢。五行之變格也。任註闡發極爲精詳。然細按之。太旺宜洩者。卽獨象宜行化地也。旺極宜生者。卽方局齊來。從其旺神強勢也。太衰宜尅者。從官煞也。衰極宜洩者。從才從兒也。上文言之已詳。無庸重述。衰旺之機。有非五行正變所能概括者。譬如木生於春。逢祿旺之時。似須尅制。然春木生氣蓬勃。畏見庚辛之斫伐。故春木用金。決非上格。木生於秋。値休囚之時。似宜生扶。然秋木生氣下斂。殘枝枯葉。喜見剪裁。故秋木不畏金。金旺有火制之。必然大貴。夏木綠葉陰濃。反宜印綬生扶。冬木枝枯葉瘁。反宜食傷洩氣。此爲調候之作用。更當別論。金生於秋。喜見火制以成器。生於冬宜丙火之溫暖。生於春夏喜壬水之淘洗。五行性質各有不同。此衰旺之眞機。非細辨不知也。（詳見窮通寶鑑）

十干性情各殊。配合干支各有宜忌。（參閱子平一得論十干性情）更須察時令節氣之進退。方能得衰旺之眞機。非可一例論也。茲舉例如下。

己亥　16甲戌
丙子　26癸酉
丁卯　36壬申
庚子　46辛未

丙丁同一火也。性情迴別。丙爲太陽之火。不畏水尅。以既濟爲美。而丁爲爐冶之火。必須附麗於甲木。所謂如有嫡母。可秋可冬是也。此造丁火生於冬至後三日。普通必以卯印爲用。不知冬至前後。地凍天寒。水成堅冰。木必枯槁。亥卯相合。溼木何能生火。無所用之。丁火無燄。丙火冬日無溫。愛莫能助。水之氣旺。只能從其旺勢。順其氣勢爲用。陰干從勢。理固然也。戌運困苦。初交癸運。流年木火土連環。未見來蘇。一至酉運。一帆風順。接行壬申。所向皆利。將來未運。三合水局。氣轉南方。反以逆其氣勢爲忌也。

復次陽干從氣。陰干從勢。上造日元丁火。故從水旺勢。若易爲丙火日元。則不能以從論。如中央研究院長蔡孑民造。丁卯、癸丑、丙申、戊子、身弱以印劫爲用。五旬前僅戌運爲美。晚運丁未丙午。負黨國重望。有由來也。丁火必附於甲木。然在冬月。雖有甲木。亦不能生火。如一造。甲辰、丁丑、癸亥、癸酉、生於大寒節。水凍木枯。丁火無焰。不能解凍。反以行金水運爲美。此皆理外之理。必須以理氣進退推之。不能以常理論也。

丙申	6	丙申
乙未	16	丁酉
癸酉	26	戊戌
癸亥	36	己亥

癸水生於大暑前三日。癸水至弱。金未進氣。雖八個字中。金水佔其五。不作旺論。須以扶身爲本。用辛金印綬也。申酉兩運極佳。戊戌十年。火土得地。艱困備嘗。己亥運。溼土生金。水逢祿旺。接行庚子辛丑。一帆風順矣。此造普通必謂身旺用食神生才。不知氣有進退。干之性質有殊異。如癸水易爲壬水。則必以乙木丙火爲用。而癸水不作此論。若生於大暑之後。金水進氣。則癸水亦可作身旺論。如一造。丙午、乙未、壬午、辛亥。反用財官。則以生於立秋前三日故也。

既識中和之正理。於五行之妙。有能全焉。

強者宜抑。弱者宜扶。抑之扶之。使歸於中和。此五行之正理也。既識正理。然後研究反生反尅。抑揚進退。顛倒陰陽。妙緒無窮。亦無非使合於中和。譬如春木喜丙火。陽和之氣。乃所以生木。此以洩爲生也。印綬多。陰濃溼重。根腐本枯。此以生爲尅也。秋木生氣下斂。外象枯枝落葉。窒礙生機。非經一番肅殺。則氣轉陽和之候。木氣不能條達。生機不暢。故秋木喜金尅制者。以殺爲生也。此皆五行之變。非先明中和正理。不能進而窮其奧而全其妙也。五言獨步云。有病方為貴。無傷不是奇。神峯演之而為病藥說。實偏激之論也。八字以中和為貴。有病有藥。仍歸於中和。病藥之造。優劣吉凶易見。但運程只能一路。喜東南必忌西北。行到逆運。一落千丈。若中和之造。順運固美。逆運亦無大忌。平穩無波。順運進展。逆運安享。少大起大落。孰優孰劣。各人主觀不同。未可視為定論。至於貴之高低。富之大小。另有配合。箇中原理。須仔細體會。閱歷既多。自能知之。非文字所能達也。

癸未　30戊午
辛酉　40丁巳
乙酉　50丙辰
丁亥　60乙卯

此閻錫山命造。乙木生於寒露前一日。秋深矣。辛金透出。乙木雖弱。不畏金尅。丁火制煞為用。運行南方。一躍而為三晉都督。民國以來。幾度滄桑。惟閻一人坐鎮三晉。始終兀然不動。是則一路南方運助之也。

戊子　25甲子
辛酉　35乙丑
乙未　45丙寅
丙午　55丁卯

此商震命造。乙木生於秋分前一日。與閻造格局相同。以丙火制煞為用。其力不及丁火。蓋丙為太陽之火。丁為爐冶之火。凡陽和調候之用。丙火為上。煅金制煞之用。丁火為上。詳干支篇陰陽順逆節。此亦干支性情之殊也。

心一堂術數古籍珍本叢刊　星命類

一　源流

何處起根源。流到何方住。機括此中求。知來亦知去。

源流者。四柱生化不息。五行周流無滯也。看其從何處起源。順序相生。至何處爲住。其中薈萃之點。卽用神所在。前論干支篇。始其所始。終其所終。爲情和氣協之極軌。若四柱始終周流無滯。互相衛護。卽具有一種順粹之精神。爲命造極不易得者。尋常命造。運程利金水者。不利木火。偏勝格局。或僅一路可行。獨此類格局。有衛護救應之妙。東南西北。雖利鈍不一。而均可行。次者亦可行三方。爲難能可貴也。

甲子　24己巳
丙寅　34庚午
己丑　44辛未
甲子　54壬申

此爲前清劉錕命造。從年支子水起源。水木火土。順流而行。至丙火爲薈萃之點。以印化官爲用。尤妙者日主臨丑。丑中暗藏金水。從水木而來。仍從水木而去。運行東南木火得地。行比刦。有官星回尅。金運、丙火回尅。壬運、甲木引化。故翰苑出身。太平宰相。一生宦海無波。

甲子　21庚午
丁卯　31辛未

此新疆都督楊增新命造。亦是年支子水起源。水木火土。順流而行。亥卯合煞留官。至丁火爲薈萃之點。以丁火化煞爲用。自前清宦新疆。光

己亥　41壬申　復易幟繼任都督。坐鎮邊隅。十餘年兀然不動。福澤攸厚。所惜者氣勢

戊辰　51癸酉　及身而止。後嗣無繼起之人。爲缺憾也。

二 通關

關內有織女。關外有牛郎。此關若通也。相將入洞房。

通關有二。一爲兩神成象。勢均力敵。必須引通其氣。一旺一弱。亦須有以調和之。如官煞旺而日主弱。用印以通關。日主強而才星輕。用食傷以通關。即使原局無通關之神。亦必運程遇之。方能遂其志。此一點通關之神。即精神之所在也。詳見下震兌坎離節。此爲體用對立。二爲用神之間氣勢對峙。如兩神駢立。不能並用。又不能去一留一。必須以通關之神調和之。如官傷並立。必須用才。才印交差。須用官煞。財逢刦刃。必用食傷。梟印奪食。刦爲恩星。此類八字。最不易看。茲舉例如下。

己未　35癸亥

丁卯 印　45壬戌

丁巳　55辛酉

財 庚子 煞　65庚申

此李經義命造。月令印綬而透財。爲才印交差。必以官煞爲用。運行子癸亥壬二十年。專閫開府。至戌運。時逢光復。退職家居。至庚中運丙寅年卒。壽六十八。此造普通以食神生才或財滋弱煞取用。皆誤也。如以食神爲用。戌運何以退隱。財煞爲用。辛酉庚申運。正當旺時。何至不祿。可知用神之間。有毫厘千里之別也。

戊寅　11壬戌
傷庚申傷　21癸亥
己丑　31甲子
官甲子　41乙丑

此爲官傷交差。巳土日元與官相合。其情密切。又互換得貴。不能不用官星也。庚金得月令之氣而透干。亦不能不用傷官也。官傷不並用。又不能去一留一。惟有用財以和之。論性情篇云。水奔而性柔者。全金木之神。此之謂也。運行亥甲子十五年。入爲部曹。以文字受知遇。爲一司之長。乙丑之後。傷官暗旺。落職。

財辛酉　35甲午
食戊戌　45癸巳
丙午刃　55壬辰
庚寅　66辛卯

此閻錫山之尊翁閻子明命造。陽刃逢財。必以食傷爲轉樞。好在戊土秉令而透干。但戊爲燥土。旺火生之。不能生金。運至壬辰辛潤土生金。父以子貴。得力於食神透出。爲子貴之朕也。卯運不祿。

食丙子　3丙申
劫乙未　13丁酉
甲寅　23戊戌
梟壬申　33巳亥

此一孩造。梟印奪食。必以劫爲恩星也。以木運爲最美。土運制梟護食。亦可行。行火運。必須帶木。否則必引起水火之爭也。

三　清濁

一清到底有精神。管取平生富貴眞。澄濁求清清得淨。時來寒谷也回春。

任註謂命之最難辨者。爲清濁。誠是也。如能於此書三復研究。則亦不難辨。所謂清者。非一氣生成、四位純全之謂也。清濁關鍵。在於配合。如干支能合於順粹兩字。上下左右情和氣協。(見上干支總論)四柱配合適宜。用神合於需要。則局勢未有不清純者也。否則。爲偏枯雜亂。一清到底者。如年月日合於清純條件。而時上混亂。爲源清流濁。月日時合於清純條件。而年上混亂。爲源濁流清。如全局清純。卽一清到底矣。能一清到底。自具一種精神。爲富貴壽考之徵也。澄濁求清者。謂全局混亂。有一二點吉神。有旋乾轉坤之力量。使全局之濁。轉而成清。亦另具一種精神也。寒谷回春者。調和氣候也。不僅金水喜官。如水木土金。生於冬令。皆需要調候。時逢寒凍。得時上一點陽和之氣。爲寒谷回春。亦有一種精神也。澄濁求清要澈底。寒谷回春要運程得地。亦爲富貴壽考之徵。凡八字。皆有一種清純之精神。此特舉其例耳。

庚申　27癸未　此前清貴諸命造。土金傷官。戊土秉令。更有時上午印生之。庚金得祿
庚辰　37甲申　於申。全局無一閑神。一清到底。申辰拱合。溼土生金。用神必在庚金。戊
戊辰　47乙酉　土氣旺。必以洩爲美也。運行西方。宜其爲三十餘年太平宰相。一生宦

戊午　57丙戌　海無波。

丁巳　21己酉　此爲前淸熊學鵬命造。金水傷官喜見官星。而此造丁壬作合子巳又
壬子　31戊申　作合。(戊癸)巳酉拱會辛金。時上又透丁火。水暖金溫。一淸到底。傷官
辛巳　41丁未　用刦。運行土金之地。累官廣西巡撫。平上林猺苗。仕路顯赫。
丁酉　51丙午

甲辰　31戊寅　此遜淸郵傳部尚書盛宣懷命造。三甲並透。辰戌又冲。生於秋季。土燥
甲戌　41巳卯　木凋。妙在戊子。日元臨才。天地相合。得子水潤土生木。全盤皆活。全局
戊子　51庚辰　精神。在此一點。此澄濁求淸之處也。財臨坐下爲樞紐。宜乎富堪敵國。
甲寅　61辛巳　戊子夾祿。子寅夾貴。更其餘事矣。

壬申　27丙辰　此爲遜淸上海道某命造。乙木生於十二月。丑中辛癸並透。金寒水冷。
癸丑　37丁巳　妙在時逢巳火。寒谷回春。一路東南陽暖之運。寒木向陽。金水之氣皆

乙丑　47戊午　活。宜乎雲程直上。富與貴兼。且爲福壽之徵也。
辛巳　57己未

滿盤濁氣令人苦。一局清枯也苦人。半濁半清尤自可。多成多敗度晨昏。

順遂精粹爲清。乖悖混亂爲濁。而日主生不逢時。用神又不乘時秉令。四柱配合。不合於需要。勉強湊合。無互相衛護之情。凡此一類。皆謂之濁。枯者氣勢偏枯。喜用無情。缺少生育之意也。(詳任註)大致濁由於配合失宜。枯由於氣勢偏勝。偏枯之象類於清。細按之。爲一則有情。一則無情之別。清者有情。故有精神。枯者無情。故無精神也。凡八字濁者。不過爲庸庸碌碌之人。如交入佳運。則如野草閑花。値春明之候。亦有欣欣向榮之意。八字枯者。運途大致僅一路可行。如無運助。非夭折卽爲貧賤孤苦之命也。八字有清而枯。有濁而枯。濁而枯。更無可取。終身困苦之境。見下例證。半濁半清者。八字配合有缺陷。不合需要之條件。或應透不透。應藏不藏。所謂濁中有清。清中有濁也。此類八字。社會上最占多數。滔滔者天下皆是。順遂精粹之造。有幾人乎。多成多敗者。言成敗無關榮辱也。

癸巳　3己未　甲木無根。庚金秉令。而重重煞印相生。無根而有根。不能以從論。用神
庚申　13戊午　惟有取巳中丙戊。無如巳申一合。吉神合而損。此之謂濁。運程一派南
甲申　23丁巳　方火土。爲十全十美之運。選擇不過爾爾。如此佳運。僅爲一收租賬房

壬申　32丙辰　而止。則以其原命太劣。如交金水之運。決無立足之地。

甲子　21庚辰　辛金生於十二月。而巳辛並透。天地覆載爲有情矣。土凍金寒。喜得陽
丁丑　31辛巳　和之氣。無如木火無根。且爲丁火而非丙火。雖有甲木生之。不足以挽
辛丑　41壬午　回頹勢。此所謂半濁半清也。丙丁兩字。雖同爲火。而用不同。調和氣候。
巳丑　51癸未　必用丙火。丙爲太陽之火也。煅冶爲用。必須丁火。丁爲爐竈之火也。此
由陰干陽干性質之殊異。（參閱上傷官見官節彭剛直公造）此君終身爲一寒儒。運行
南方。亦不過館況較佳。賓主相得耳。

癸亥　24巳未　四柱皆水。而月垣戌宮。戌土乘令。丁火藏庫。不能不用才官。以八字而
壬戌　34戊午　論。不可謂不清。但是癸水旺極而無印。官星乘令而不透。才生官而才
癸丑　44丁巳　藏庫。配合之間。少衛護生育之意。此爲半清半濁。所以文章爲一鄉祭
癸亥　54丙辰　酒。十三次秋闈。頹羽而歸。戊午丁巳運。不可爲不佳。亦不過爲一省視
學。奔走各縣間。餐風宿露。兩袖清風。老驥伏櫪。亦可傷矣。

甲午　21己巳　丙火生於正月。寅中甲丙並透。寅午會局。氣勢不爲不淸。時上正財爲

丙寅 31庚午 用。但四柱無土。午中己土不透。火金無情。運程惟土運爲美。見金起比

丙午 41辛未 刦之爭。見水激丙丁之焰。如無酉金。格成炎上。雖失時而氣勢淸泣。既

丁酉 51壬申 見酉金不能不用。反爲比刼爭財。淸而偏枯也。此造如地支得一卯字。

卽可冲酉而去之。格成炎上。如徐士浩造巳亥、丁卯、己酉、壬午。卯冲午破。干丁合壬。爲強衆敵寡。去病爲貴。故支辰以冲爲重也。

四 眞假

令上尋眞聚得眞。假神休要亂眞神。眞神得用平生貴。用假終爲碌碌人。

何謂眞假。一極有研究之問題也。任氏以得時秉令者爲眞神。失時退氣者爲假神。似不甚確。如得時秉令爲眞。則月令之神極易辨認。何以有眞假參差難辨論之句。而原註又有假神得令眞神得局而黨多。不見眞假之跡。或眞假皆得令得助云云。究作何解。取用之法。先求月令。月令無用方取別支。命造之中。月令用神十居六七。何足爲貴。況明言令上尋眞。細味一尋字。可見月令之神與眞神乃似是而非。竊謂眞神者。合於日主之需要。眞正得用之神。卽十干在十二個月之中所喜用之神也。如春木以火爲眞神。夏木以水爲眞神。秋木以金爲眞神。冬木亦以火爲眞神也。眞神得用。無有不貴。假神者。雖非日干之喜用。而在四柱配合上。不能不取以爲用。乃假神也。如甲木。生寅月。而透金水。四柱無火。

不能不用金水。但非日干所喜。如明崇禎造。辛亥、庚寅、乙未、巳卯、不能不用金水。乃假神得用。（參閱窮通寶鑑評註）令上尊眞者。眞神在月垣之中。得時秉令也。聚者喜用同宮也。如蔣委員長造。丁亥、庚戌、己巳、庚午。傷官佩印。火金土同聚於月垣之中。爲聚得眞。戊宮丁火爲用。是爲月令眞神得用。又如陳濟棠造。庚寅、戊寅、甲子、丙寅。甲丙戊同聚月垣之中而用丙火。亦爲月令眞神得用。庚金爲假神。甲木生寅月。既以丙火眞神爲用。不可再見庚金假神混局。（癸水藏支不爲混局。）凡眞神得用。而又得時秉令。則無不貴顯。倘不得已而用假神。雖配合完美。終爲碌碌之人也。

眞假參差難辨論。不明不暗受邅迍。提綱不與眞神照。暗裏尋眞也有眞。

眞假參差者。如庚金生於七月。喜用丁火。然丁火不透而透戊土壬水。則假神得令矣。支會寅午戌巳未。則眞神得局而黨多矣。四柱配合應用丁火。抑用壬水。此所謂眞假參差難辨論也。又如丙火喜用壬水。而生於拾月。壬甲並透。壬爲眞神。甲爲假神。地支寅申並見。則眞神假神皆得令得助。不能辨其勝負。故云其人雖無大禍。然不免一生迍否而少安樂也。更有隨局配合。無喜耍可言。亦爲碌碌之人。提綱不與眞神照者。如冬木喜用丙火。日時之支見巳見寅。眞神雖不在提綱之中。亦爲眞神得用也。不照。謂不得月令之氣也。凡眞神以得時秉令爲貴。然以調候、病藥、通關而取用者。不必得時令之氣。而不能不謂之爲眞神。故眞神不能泥於提綱也。暗處尊眞者。吉神暗藏也。干支之中暗藏一字。有旋乾轉坤之力量全局精神由此振起。則此神卽是眞神。原註云。寅月生人不透木火而透庚金。卽是提綱不照。譬如馬福祥造丙子、庚寅、壬寅、辛亥。壬水生於寅月。木火太多氣洩而弱。全恃庚辛發水之源。此庚金卽是眞神。可見眞神不必定爲月垣得時乘令之神也。凡日元需要之神。適來爲我所用。輔助成功。卽是眞神。月令當旺之神有喜有忌。喜者爲眞。忌者豈可概以眞神目之耶。

以上所言。乃是提綱不照。用神不在月令之中。向別柱覓取眞神。尙爲顯而易見。更有不見之形。如王晉之造。亦暗裏尋眞也。

辛卯	28丁亥
庚寅	38丙戌
丙戌	48乙酉
乙丑	58甲申

正月丙火。喜壬水爲用。而眞神不見。千金支木。才印交差。貴在何處。不知丑戌寅卯四字。丑戌夾拱亥子。壬癸眞神暗藏。通才印之氣。從戌至卯。聯珠夾拱。氣聚北方。格局之鉅。宜專方面。原註云。巳丑暗邀乙庚暗化。氣轉西方。亦爲有眞。正是此類。不見之形。非細辨孰能知之。

復次暗裏尋眞者。謂眞正用神在暗處。非夾拱不見之形。皆可視爲暗裏眞神也。如曾國荃造甲申、甲戌、庚辰、壬午。夾拱聯珠。而用神在午中丁火官星。黃郛命造庚辰、巳卯、丙申、戊戌。拱貴而眞神爲月令卯木正印。（兩造均見上）雖皆眞神得用。而用神在明處。貴氣在暗處。非暗裏尋眞也。

五　恩怨

心一堂術數古籍珍本叢刊　星命類　一〇四

兩意情通中有媒。雖然遙立意追陪。有情卻被人離間。怨起恩中死不灰。

恩怨者。喜忌也。日主所需要之神。爲配合所不可缺。卽喜神也。喜神相離太遠。情雖向往。中有阻隔。中間所隔之神。有如媒妁也。如所隔之媒。能引喜神而近之。則爲有情。可以取富貴。如所隔者爲忌神。合化喜神而去之。或冲尅喜神而去之。則如被人離間矣。因合而喜神化爲忌神。是爲怨起恩中。卽使不化爲忌。而有此阻隔。亦爲神枯氣索。此種現象。八字中極多。任註極詳。姑再舉兩造爲例。

癸酉　18乙卯

丁巳　28甲寅

壬午　38癸丑

丙午　48壬子

此淞滬護軍使何豐林命造。壬水生於四月。水臨絕地。所恃者爲癸酉刦印。遙立有情。然癸酉在年。相隔太遠。中隔丁巳。如媒妁也。妙在巳酉會合。引而近之。爲一種精神也。巳酉金局。生起癸水。制才護印。而才旺用印刦之格局以成。運至癸丑壬。貴爲護軍使。子運冲兩午。衰神冲旺。失敗下野。

丙子　11癸卯

辛丑　21甲辰

乙巳　31乙巳

乙酉　41丙午

乙木生十二月。寒木向陽。必取丙火爲用也。無如丙辛相合。巳酉丑相合。恩星盡被合去。怨起恩中。以印化煞。勉強爲用。教讀終身。行乙巳丙午運。亦無能爲力。抱恨無窮也。至午運冲破子印。歲值庚申。又合去比肩。不祿。

六　閑神

一二閑神用去麽。不用何妨莫動他。半局閑神任閑着。要緊之場自作家。

喜神用神忌神之外。皆閑神也。格局配合。自須合全局之神而覘其趨向。定其喜用。上等命造。字字緊要。有用無一閒雜。若普通命造。則除一二緊要之喜忌用神外。餘皆無所用之。名之爲閑神。故八字中閑神爲多。閑神既不我助。亦不爲我害。則可任其閑着。不理會之。要緊之場。謂行運之時也。閑神無別種用途。惟至逆運而得閑神相合。或回尅回冲。則可轉逆爲順。順運而爲閑神相合。或回尅回冲。亦可轉順爲逆。自作家者。言自有作用也。能尅制敵方。扶助喜用。則爲吉。不可因其爲閑神。任其助敵以爲無害也。詳任註。

壬申　47戊午
癸丑　57己未
乙丑
辛巳

乙木生於十二月。冰結池塘。寒木向陽。必以巳宮丙火爲用。金水雖透自丑宮。皆閑神也。然辛金爲七煞。不動則有印化之。可以置之不論。行戊運。有癸相合。幫助丙火用神。欣欣向榮。至己運。才來黨煞。大受打擊。戊己兩運順逆迥殊。即因有癸辛兩閑神在干。以致作用變化不同也。

此造附載淸濁節。

丁未　8癸卯

甲己化土。丁火爲用。戊土助化爲喜神。酉金爲閑神也。壬癸運得戊土

甲辰　18壬寅　回尅。卯運得酉金回冲。逢凶化吉。少年得意。一帆風順。至寅運。逆土旺
己酉　氣。甲木還原。無解救之神。一敗塗地。同爲水木運。順逆不同。則土金閑
戊辰　神之作用也。此造曾載化氣篇。

七　羈絆

出門要向天涯游。何事裙釵恣意留。不管白雲與明月。任君策馬朝天闕。

羈絆者。合神也。合而化爲另一問題。（參閱眞詮評註合而不合節）合而不化。當論其是否被合而去。陰干爲用。見陽干合神。被其合而去之。無所謂羈絆。如甲木日主。用辛金官星。而見丙火。辛金被傷。是爲合去。不能再以官星爲用也。（此須看地支如何。如地位相隔。支助辛金。依然可用。非必合去。此特舉其大概耳。）若陽干爲用。見陰干合神。合而不去。爲羈絆。如甲木日主。用丙火食神。而見辛金。辛不能去丙。丙火依然可用也。裙釵者。陰干也。白雲蒼狗。喩變幻也。明月淸風。喩閑神也。羈絆用神者。必閑神也。（日主相合。不爲羈絆。）言不管格局如何變幻。閑神如何羈絆。得運程助用。依然任意翺翔。不受拘束。勿以爲有羈絆而不能用也。此類八字。最易淆亂耳目。使人無從取用。故特提出說明之。

丙子　32乙巳　此造淸彭剛直公玉麟命造。戊土生於十二月。天寒地凍。必取丙火調
辛丑　42丙午　候爲用神。丑中戊辛癸齊透。同宮聚氣。天覆地載。然金水皆閑神也。丙

戊子 52丁未 辛相合。戊癸相合。日元用神皆被羈絆。運至南方用神得地。依然任意
癸丑 遨翔。策馬而朝天闕矣。
己卯 29癸酉 此申報館主人史量才命造。庚金生於十一月。金水傷官而木火黨衆。
丙子 39壬申 天干丙煞透出得祿於巳。庚金無氣。必以比刦幫身爲用。丙辛相合。丙
庚寅 49辛未 臨子上。又隔位不能合去辛金。運至壬申癸酉辛念五年。青雲直上。任
辛巳 意遨翔矣。可見天干合而不去。依然可用。不論陰陽皆然。命中論合神。

大都陰從陽合。如乙妹妻庚、癸妹合戊、等是。錯敍云者。亦指陰干言也。

第二篇下 四柱總論

天道有寒暖。發育萬物。人道得之。不可過也。地道有燥溼。生成品彙。人道得之。不可偏也。

寒暖燥溼。指全局之氣勢言。過猶不及。皆屬偏枯。故八字以中和爲貴。調和氣候。爲八字中之重要工作也。天道地道者。干支也。天干金水爲寒。木火爲暖。地支西北爲溼。東南爲燥。此就五行之方位言。秋

冬爲寒溼春夏爲暖燥此就時令之氣候言。寅、卯、巳、午、未、戌、爲陽暖之鄉。辰、申、酉、亥、子、丑、爲陰寒之地。陽暖支上。臨以甲乙丙丁戊己則暖而近於燥。陰寒支上。臨以庚辛壬癸乙己。則寒而流於溼。調和之法有二。暖燥太過。喜雨露以潤之。寒溼太過。宜太陽以暄之。雖非生尅制化之常經。實爲進退乘除之至理。原註云得氣之寒。遇暖而成。得氣之暖。逢寒而成。又云過於溼者。滯而無成。過於燥者。烈而有禍。凡八字中需要於調候者。雖見官煞才印食傷。一概暫緩論議。唯以調候爲急也。任註云。寒雖甚、要暖有氣。暖雖至、要寒有根。蓋調和氣候。亦是根在苗先。必須原局有根。運至其地。自然發榮。若原局無根。雖値佳運。華而不實。一生福澤。亦嫌欠缺也。

辛丑　26甲辰
辛丑　36乙巳
壬寅　46丙午
辛丑　56丁未

此女造也。壬水生十二月。水凍金寒。池塘冰結。喜日元坐寅。以寅中一點丙火爲用。寒溼之中。藏此一點陽和之神。爲暖有氣。更喜運行東南陽和之地。所以母家夫家門庭鼎盛。夫榮妻貴。良有以也。

辛丑　22甲辰
辛丑　32乙巳

此亦女造。與上造相差十一日。冰結池塘。兩造相同。行運亦同。特上造壬寅丙火有氣。吉神暗藏。此造雖運行東南。而丙火無根。原局過於寒

癸丑 42丙午 淫。出身貴賤不同。處境貧富迥別。行南方陽和之運。嫁作商人婦。身安
癸丑 52丁未 境順而已。

乙丑 24戊寅 四月甲木退氣。丙火司令。非用癸水不可。癸水不出。富貴俱假。即由於
辛巳 34丁丑 氣候過於暖燥故也。此爲吳漁川君命造。遜清庚子年拳亂。乘輿西狩。
甲午 44丙子 在懷來縣知縣任上接駕者也。辛金官星被傷。丁火乘旺得祿。原局缺
丁卯 54乙亥 印。不特官星難存。甲木亦有自焚之懼。戊運晦火存金。忽受知遇。丁運
庚子年。冲去午火。庚金合乙助官。懷來接駕。特賞觀察。是年尅妻。入後浮沉宦海。不能大得
志。則以原命偏枯故也。

癸巳 20丙辰 乙木生於五月。火旺木焚。非用癸水潤澤不可。戊癸一合。化喜爲忌。不
戊午 30乙卯 得已取木火傷官。行運仍喜印綬之鄉。乙卯甲寅尅身雖美。不能展其
乙巳 40甲寅 素志。總須至癸丑壬子。方有發展希望。特原命偏枯。福澤未免不足耳。
己卯 50癸丑 凡食傷太旺。可用比刼尅身。若官煞太旺。用比刼尅身。反成戰爭之局。
俗以敵煞爲美。殊不然也。

德勝才者局全君子之風。才勝德者用顯多能之象。

才德、非君子小人之謂。局全君子。用顯多能。乃用神格局之象徵。非謂人品之邪正也。人有氣局。八字亦有氣局。二者相應。借此爲喻耳。論語夫子聖者乎。何其多能也。多能兩字。非貶詞也。以德勝者。如官清印正。才生官旺等格局。氣勢平和。見於人之品性。規行矩步。謹愼自守。素位而行。守正不阿。如君子之品也。以才勝者。如用印化煞。食神制煞。以及陽刃傷官等格局。秀氣發越。見於人之品性。必明決果敢。聰明穎異。爲多能之象也。凡格局中和純粹。不爭不妒。無傷無礙者。人必忠厚誠實。運程亦平穩無波。格局有病有藥。互相衞護。精配合而入於中和者。人必聰明智巧。運程亦多起伏。如上文通關、調候、澄濁求清、暗處尋眞、等格局。皆多能之象也。

己卯　24癸亥
丙子　34壬申
丙子　44辛未
丁酉　54庚午

此黨國元老胡漢民先生造也。地支才官印三奇格局清正。以才生官爲用。君子之風也。尤妙者子爲帝座。正對端門(午)卯酉爲日月之門。東西對立。夾護官星。格局之堂皇莊嚴。宜爲領袖之尊。所惜者傷居印上。刧臨財鄉。若易爲丁卯年巳酉時。氣勢周流。循環無滯。則一人有慶。兆民賴之矣。午運丙子年逝世。

甲午　21戊寅

此宋院長子文命造。財官印全爲三奇。財官食備。亦爲三奇。見子平四

乙亥　31巳卯　言集腋。(卽全象)此造妙在亥宮壬水得祿。乙木財星得祿於卯。丁火

庚辰　41庚辰　官星得祿於午。三奇得祿。天干乙庚相合。甲己相合。土金相生。地支午

巳卯　51辛巳　亥兩宮丁壬作合。甲己作合。貴氣互換。福澤之厚。宜無比倫。三者爲全。

宜行才地。用神取食神生才。此兩造皆三奇格。一爲德勝才。一爲才勝德。能者多勞。所向有功。亦以原命福澤悠厚故也。

局中顯奮發之機者。神舒意暢。象內多沉埋之氣者。心鬱志灰。

奮發沉埋。皆無形之象。與上文才德相似。不論格局高低。皆有之。局中喜用清透。無閒雜之神羈合牽絆。無損害之神阻其前程。格局雖次。亦有奮發之象。反之喜用壓伏在下。處處阻礙。步步牽掣。用才生官。又嫌破印。用印化煞。又嫌奪食。才官衰弱。不能發展。才官旺地。身弱難任。左支右絀。格局雖高。亦有沉埋之氣。格局高而顯奮發者。如蔣委員長命造、閻錫山命造。皆有一種精神。自然神舒意暢。見前。格局低而沉埋者。如才多生弱。煞旺身衰等等。皆可以無論若格局高而顯沉埋之氣。格局低而顯奮發機者。舉例如下。

辛未　2乙未　此遜清德宗光緒帝命造也。丁壬寅亥天地德合。格局甚清。無如生於

丙申　12丙子　七月。不能化木。申中壬水長生。只能取寅中甲木印綬化官爲用。丁火

丁亥　22癸巳　至七月退氣。寅亥相合。濕木無餘。更有旺申冲之。丙火剋身而辛合之。
壬寅　32壬辰　輔佐盡被牽制。沉埋之氣也。運程乙未甲午木火旺地。爲最佳之運。癸運七煞混官。己運四冲齊備。戊戌政變。庚子拳亂。均在巳運中。不死幸矣。交入壬辰官多化煞。戊申年兩申冲寅。崩於瀛台。

癸己　3己未　此一收租賬房之命造也。甲木無根。庚金壬癸並透。煞印相生。不能作
庚申　13戊午　從論。水旺木浮。好在己中丙戊得祿。一點陽和。爲奮發之機。身份雖低。
甲申　23丁己　而運行南方。火土連環。一帆風順。創基立業。居然小康之家。正如小草
壬申　33丙辰　經春。欣欣向榮。其舒適雖富豪貴冑自歎勿如也。

吉神太露。起爭奪之風。凶物深藏。成養虎之患。

吉神太露者。不僅財星忌露也。凡喜用之神。露則易傷。官星露干爲用。不可見食傷。印綬露干爲用。不可見財星。食傷露干爲用。不可見印綬。與財星露干爲用。不可見比劫同一理也。蓋天干之氣單純。顯露於外。易被損傷。不比地支有互相衞護之情也。如寅申冲。爲庚金剋制甲木。而寅中丙火。未始不剋庚金。申中壬水。能剋丙火。而寅中戊土亦能剋壬水。故喜忌須察旺衰強弱而定。支神除刑冲破害之外。其餘支神。如寅見酉、卯見辰、之類。各守範圍。不相剋制。天干則情形不同。傷官用官。官與傷不能並

透。傷官佩印。傷與印不能並透。若並透則互相尅戰。原局如此。行運亦然。如甲木生於夏令。木火傷官佩印。而印透干。運見戊巳。印必被損。而辰戌丑未無礙。庚金生於冬令。金水傷官。喜官星調候。官星透干為用。運見壬癸。官星必傷。而亥子又作別論。故吉神不宜太露。露則容易被損傷也。凶物者。忌神也。適反其道。吉神宜其藏。藏者不能奪。凶物利於露。露則易於去。忌神在干。見尅洩則去。被合亦去。若藏於支。非逢冲不能去之。歲運引動。適成養虎之患也。復次大貴之造。以吉神暗藏居多。若顯露於外。易遇劫奪。起伏必多。雖貴不能十分顯達。至若一帆風順之中。突然遇變。大都因凶物深藏之故。歲運引動。變生不測。此中元機。非仔細推尋。不能知也。詳下徵驗篇。

戊寅　15丙寅　此友人許某命造。乙木生於冬至後一日。水旺木浮。必須用戊土止水。
甲子　25丁卯　寒木向陽。更喜丙火調候。寅宮丙藏戊透。功成反生。格局甚清。所惜者
乙亥　35戊辰　比劫並透。起爭奪之風。寅申遙冲。不能去丙火。而羣劫爭財。戊土受損。
甲申　45己巳　則因丙藏戊露之故也。印主名。財主利。名高利薄。莫非命定。丙寅丁卯。

留學外洋。名重學界。戊辰己巳。為工校校長。培植人才。事業愈大。虧累愈多。比劫爭財故也。

辛卯　9癸巳　此前上海公安局長文鴻恩命造。庚金臨寅。生於午月。支不通根。午中
[illegible]午　19[illegible]辰　巳土。為卯木[illegible]。干透丙火。[illegible]成假煞。時[illegible]一[illegible]。[illegible]火旺[illegible]。為凶物深

庚[illegible]　29辛卯　[illegible]。[illegible]成[illegible]虎卯[illegible]才星[illegible]生煞[illegible]程[illegible]上[illegible]。木火旺。[illegible]
丙子　39庚寅　任公安局長。歲遇壬申癸酉。引動子水。併冲寅午。突然病歿。

震兌主仁義之眞機。勢不兩立。而有相成者存。坎離宰天地之中氣。成不獨成。而有相成者在。

震東方屬木。兌西方屬金。坎北方屬水。離南方屬火。卽兩神成象中尅我我尅五局。舉金木水火四正以概其餘也。木主仁。金主義。故云仁義之眞機。後天卦坎離爲主。故云宰天地之中氣也。金木相持。必須有水。則金木之氣可以並存。木爲日主。有印化煞。金爲日主。有食傷生才。金木雖勢不兩立。而有相成之法。用水通關是也。水火相戰。必須有木。則水火之氣可以旣濟。火爲日主。用印化煞。水爲日主。用食傷生才。水火雖勢成敵國。而有相濟之法。用木引化是也。扶此抑彼。皆不爲美。如原局無通關引化之神。運程仍以印綬食傷爲最美。無他法也。蓋五氣配合。始有宜忌可言。閒神夾雜。乃有去留可論。若兩神對立。局勢純淸。戰爭之局。唯有和解。在寒暖燥溼才德隱晦之外。別成一種局勢也。

復次兩神對峙之局。必須勢均力敵。若有偏輕偏重。卽非此論。如四木四金四火四水。而有得令失令之殊。通根無根之別。如南洋鉅商陳嘉庚造。辛卯、辛卯、辛卯、辛卯。金無根。木秉令。格成從財。陶思澄造。壬午、壬寅、壬午、壬寅、張宗昌造。壬午、壬寅、壬寅、壬寅。乃水木火相生之局。非對峙也。又如熊式輝主席造癸巳、丁巳、丙辰、癸巳。丙火乘令。火旺水衰。宜行才官旺地。亦非對峙也。

辛卯　19癸巳
乙未　29壬辰
辛酉　39辛卯
庚寅　49庚寅

此金融界巨商張某命造。金木皆不乘令。四金四木。氣勢相均。金聲玉振賦。辛騎羊兎乙透出而富比陶朱。正合此格。身財兩旺。以壬辰十年爲最順利。辛卯庚寅運。助金助木。不免起伏多端。非一帆風順時矣。此爲震兌相成之局也。

丙午　16壬寅
庚子　26癸卯
壬午　36甲辰
庚子　46乙巳

此遜清樊樊山命造。身財兩旺。陽刃遇財。必須以食傷爲轉樞。原局無木。幸喜一路東方水木以補其缺點。仕至藩臬。

强衆而敵寡者。勢在去其寡。强寡而敵衆者。勢在成乎衆。

強衆敵寡。與強寡敵衆。其理一也。全局勢象已成。只能順其氣勢而行。設有一二點違逆之神。唯有去之爲美。去其寡。即所以成乎衆也。此類格局。乃以全局氣勢爲主。不以日元爲主。逆全局氣勢者爲敵。敵在日元。即爲從格。敵在四柱。即是忌神。去其敵則全局氣象純粹矣。但欲去之。必須要柱有去之之神。尅與洩是也。若無尅洩。則兀然無傷。雖欲去之而不能。在日主、有能從不能從之別。在忌神、有能去不能去之分也。有不能去而反用之者。如崇禎皇帝造。此不得已之用也。（見上方局節）若既不能去。又不能用。則爲有病無藥格局之瑕疵。亦終身之弱點也。敵寡與強寡之別。在乎有根無根。無根爲敵寡。去之易。有根爲強寡。雖得去之而不淨也。此所謂根乃指微根而言。若根重則不能去矣。

癸丑　　28乙卯
戊午　　38甲寅
己巳　　48癸丑
丁卯　　58壬子

此南通張季直命造也。月日巳午類聚。丁火透出。時支卯煞。木從火勢。火土從旺。年干癸水破局。得戊土合癸。尅而去之。此謂強寡敵衆而成乎衆也。所以丁巳丙辰。幼擅神童之譽。乙卯甲寅。木生火旺。領袖羣英。名滿天下。癸丑之後。退隱歸田。且不免求全之毀矣。

癸巳　　18乙卯
丁巳　　28甲寅
丁卯　　38癸丑
丙午　　48壬子

此交通部長朱家驊命造。丁生巳月。丙丁並透。火之氣象已成。年干癸水無根。張造癸丑。尚有微根。此則並微根而無之。然天干無戊巳之土。卯木不接癸水。年上偏官。兀立無傷。無法去之。既不能去。惟有用之。反以癸水爲用也。故乙卯甲寅。樂育英才。癸丑之後。雲程直上。由教育而交通。貴爲部長也。

丁巳　20乙巳　此遜清松江知府戚楊命造。癸水之氣。洩於卯木。水木火土。四象順序
丁未　30甲辰　相生。順其氣勢取用。運行東方爲官海中之能員。運至金水之地。逆其
丁卯　40癸卯　氣勢。去職歸田。此以洩爲去者也。
癸卯　50壬寅

癸未　丙辰　此造錄自滴天髓徵義寒暖節。與朱造相似。然有不同之點。此造支全巳
丁巳　乙卯　午未南方。格成炎上。見癸爲成格破格。朱造支不成方局。未成格局。無所
丙午　甲寅　謂破。故可以癸水爲用也。丙火怕弱。宜行身旺。丁火怕旺。不憚尅制。此干
癸巳　癸丑　支性質之殊也。此造兩癸忌神透露。干無戊己土以去之。又無木以洩之。

有病無藥。爲全局之病。乙卯甲寅。洩水生火。家業增新。癸丑之後。忌神得地。家破人亡。

剛柔不一也。不可制者。引其性情而已矣。

剛柔不一者。日主雖不衰弱。而用神過於生旺。透干聚支。剛柔雜出。（陽干爲剛。陰干爲柔）窮通寶鑑云。用神多者。宜洩不宜尅。徐大升元理賦云。木能尅土。土重木折。土能尅水。水多土蕩。水能尅火。火炎水乾。火能尅金。金多火熄。金能尅木。木堅金缺。故用神過於生旺者。不可尅制也。又云強金得水。方

挫其鋒。強水得木。方泄其勢。強木得火。方化其頑。強火得土。方洩其焰。強土得金。方制其害。引其性情、卽所以洩其旺氣也。

戊戌	6庚申	
巳未	16辛酉	
丙子	26壬戌	
庚寅	36癸亥	

此合肥李君命造。丙火生六月。餘威猶熾。時逢寅宮長生。日主並不衰弱也。（若日主衰弱則當用印）時逢土旺。戊己並透。月令用神占全局之半。土旺而重。若以木制之。必致木折。惟有用庚金洩其旺氣。子水潤土生金。早年庚申辛酉門庭鼎盛。壬戌癸亥。潤土生金。雖非上乘。亦可行也。

戊辰	24壬戌	
己未	34癸亥	
丁巳	44甲子	
丙午	54乙丑	

此爲地產鉅商盧少棠命造。丁火日元。生於未月。支類巳午未南方。加以時透丙劫。日元旺極。然六月土旺秉令。年支辰土。戊巳雜出。用神亦占半壁。上造有子水潤土。此造雖有辰土。暗藏溼潤。爲火土熇乾。究嫌其燥。加以原局無金。不及上造之純。上造土潤生金。金運爲最美。水運次之。此造土燥無金。以溼土帶金爲上。純金運次之。其爲不可制則一也。運行庚申辛酉。少年安樂。繼行北方。潤土之燥。尤以乙丑十年爲美。乙木暗金。丑爲溼土而藏金也。事業發皇。臻臻日上。交入丙寅。火旺土燥。逆其性情矣。

心一堂術數古籍珍本叢刊　星命類　一二〇

順逆不齊也。不可逆者。順其氣勢而已矣。

上文剛柔之辨。爲我生之局。故以引其性情爲宜。順逆不齊爲生我之局。故當順其氣勢爲美。陽順陰逆。故云順逆。日主及印綬當令得勢。支成方局。干透印刼。此其氣勢旺不可遏。如長江大河。順流直下。不可逆也。只能順其氣勢而行。以印刼爲最美。原局印旺而有官煞。行官煞亦佳。此如堵關其源頭。無礙其氣勢也。若見財破印。又啓比刼之爭。立見非災橫禍。此與引其性情者、不同之點也。

己未　35乙卯
己巳　45甲辰
戊午　55癸丑
乙卯　65壬子

此遜清上海道蔡乃煌命造。戊土生四月。祿旺之地。支聚巳午未南方。戊己叠透。時逢乙卯。木生火旺。木火土相生。其勢旺而不可遏。只能順其氣勢。丁巳丙辰。少年得意。乙卯甲寅。官海神龍。交入癸丑。息影林泉。羣刼爭財。財必耗散。因財致禍。卒至死於非命。冲陽刃而生不測之災。當在子運中也。

丁酉　8乙巳
丙午　18甲辰
戊午　28癸卯
乙卯

戊土生於午月。時逢乙卯。木火相生。干透丙丁。印旺極矣。年支之酉。丁尅午破。不能爲用。必須順其氣勢而行火土運。上造比刼透而印輕。運行壬癸。不過消耗資財。子運冲午而死。此造印透干頭。見癸水破印。不祿。此類格局。即母慈滅子。不能傷其母也。

休咎係乎運。尤係乎歲。戰冲視其孰降。和好視其孰切。 何謂戰。 何謂冲。
何謂和。 何謂好。

富貴係乎命。窮通係乎運。不易之論也。戰冲和好之理。詳原註及任註。不贅。運歲非易言也。原命僅八個字之變化。已經千頭萬緒。加入大運。則爲十個字變化。再加流年太歲。則爲十二字變化。原命爲五十一萬八千四百個程式。加兩個六十乘之。變化之數。達兩萬萬之多。更有小限行年。其變化豈易知哉。今人論運。僅知喜用旺地。生助冲尅。對於原命喜用淸透者。固可用此法。若原局有病。閒神錯雜。則此法非盡適用也。譬如下造。

戊子　19甲子
壬戌　29乙丑
甲寅　39丙寅
庚午　49丁卯

九秋甲木。支全寅午戌火局。木性枯焦。必用壬水破火潤木爲用。然行壬癸運。天干有戊土回尅。亥子運。地支水火交戰。佩印而不能行印地也。天干必以甲乙木去病爲美。地支寅卯不能去土。反而洩水助火。更不若丙運之有虛榮也。地支以丑運濕土晦火蓄水潤木爲佳。若云喜用在水。運宜北方。就大概論則可。細按之。必難相合。此其一例。

所謂戰冲者。固不必明見四冲。始謂之戰。如申運而遇寅年午年。其氣亦相戰也。蓋六氣運行。以四年爲一周。子辰申年。起訖同時。丑巳酉年。寅午戌年。卯未亥年。亦起訖同時。子辰申年六氣始於寅初。寅午戌年。始於中初。（詳命理尋源五行大運）氣之起訖。適立於相反之地位。故不必子見午爲冲。卽子見寅戌。其氣亦相戰也。然戰冲非必爲凶。和好非必爲美。更須察原局之喜忌。而以月建衡之。則吉凶見之於何月。大略可睹矣。（此說爲高澹園君所發明。卽神煞中喪門弔客之義。附誌於此。）

原命重格局、格局者。財官印食五行生剋之代名辭也。運歲重神煞。神煞者。數之代名辭也。數者。數目。甲己九。乙庚八。丙辛七。丁壬六。戊癸五。此天干之數也。子午九。丑未八。寅申七。卯酉六。辰戌五。巳亥四。地支之數也。參互錯綜。變化以生。神煞起於干支。卽是起於數。吉神一百二十五。凶神一百二十。都二百四十有五。所謂吉與凶者。不外乎戰鬭伏降刑冲破合之關係。神煞逐運逐歲不同。須觀原命之有無。故有『原有原無』『吉會凶會』之說。（納音亦出於數。其理當另文論之。）今人論命。倘能得順逆之大概。而於古人記載。推算一一如日睹者。以爲另有其術。不知卽從神煞推算而得也。

萬育吾云。大凡推運。須看生年太歲與運生剋。生剋已定。然後參諸神煞。則吉凶無不驗。●可見論歲運。須參神煞。古人早已言之。生剋二字。包含格局、用神、扶喜、去病、各種看法而言。先論生剋以定格局。次參神煞以定休咎。爲論命一定之法則也。古人書中。財官食印。與神煞相混。統名神煞。流弊所至。棄五行旺衰生剋之理。而專談納音神煞。（如蘭台妙選等）以致乖謬百出。論斷亦無驗。於是後人起而闢之。乃有神煞無關吉凶之說。數典忘祖。過猶不及。其失一也。要知神煞爲數之符號。支辰會合刑冲。

乃起變化。每一種變化。為一神煞。溫和者為吉神。猛烈者為凶煞。書云。無鬼不能成造化。無煞安能身有權。大凡貴命。多帶凶煞。切不可見吉神。即謂為吉。見凶神。即謂為凶也。所謂吉神與凶神者。無非表示數目配合變化之情狀。而用之為吉為凶。乃另一問題。譬如八字之中。並非見財官印食即是吉。見梟傷刼刃即是凶。吉凶在乎配合。而不在名稱。神煞亦猶是也。是在各人之運用。熟極之後。自生神悟。變化之妙。出於一心。我人論五行之生尅變化。僅可謂命理之基礎。推算之初步。然已繁複變化。理精義邃如此。命之理微。非易言也。

造化始於元。亦始於貞。再造貞元之會。胚胎嗣續之機。

貞元者。生旺死絕。絕而復生。循環不息也。易乾、元、亨、利、貞。始於元而終於貞。復以貞為始。貞元亨利。循環不斷。始終相應。為造化之機。凡一家一族之興。開基立業者之命造。與其末代子孫之命造。始終相應。亦貞元之消息也。如明太祖命造。戊辰、壬戌、丁丑、丁未、土局開基。至明思宗崇禎命造。辛亥、庚寅、乙未、巳卯、木局。而明運告終。清太宗命造。壬辰、辛亥、辛亥、丙申。水局開基。(化氣)至宣統命造。丙午、庚寅、壬午、壬寅、火局。(從才)而清運告終。可見一代之興亡。其中皆有命存焉。合肥李氏之興。始於李文忠。其命造。癸未、甲寅、乙亥、己卯、為曲直仁壽格。至其孫李國杰命造。辛巳、辛丑、庚申、辛巳。金局而襲爵終。此一家之興亡。亦貞元之理存焉。此在從前宗法社會。以家為主體。世家大族。始有消息可尋。若尋常人家。其興也暴。其亡也忽。不能以此論。現在時代。以個人爲主體。更不能論此矣。至於身後之運。應後代之興衰。似未合理。凡人從生至死。一生事業。告一結束。爲一貞元。後人自有後人之運命。再起貞元。若身後綿綿不絕。則數傳之後。複雜錯綜。似非貞元之理。或謂孔子廟食千秋。爲身後之運。或著述流傳。亦爲身後之運。此不過茶餘酒後談助之資料。非所以論命運也。

現代名人命鑑 預告

本書編著最早。因鑒於古今名人命鑑錯誤之多。格外慎重。屢經修改增補。至今尚未脫稿。至爲抱歉。去年曾以一部份刊載小日報。茲擬繼續在該報命欄發表。一俟成書。當與『姑妄言之』同時出版。特此預告。

滴天髓補註卷四

東海樂吾氏補註

第三編　徵驗

一　六親

夫妻因緣宿世來。喜神有意傍天財。

六親者。父母妻子兄弟並自身爲六也。命造定一身之順逆。父母兄弟妻子。均由本身間接推測。看法亦無一定。命造僅八個字。範圍狹小。詎能包羅萬象。故有顯而易見者。有隱而難測者。非皆可推算也。推測之術。命書中不一其說。昔人論命。專重財官。以官爲用神。則財生官爲喜神。若八字中喜神爲財。妻必賢美。得內助之力。斯可確定者也。然八字中非必有財。而財亦非定是喜神。故謂以財爲妻。占命造中之多數則可。未可視爲定法也。窮通寶鑑論妻子法。以用神爲子。生我用神者爲妻。如官煞爲用者。財爲妻。食傷爲用者。比刼爲妻。印綬爲用者。官煞爲妻。財星爲用者。食傷爲妻。然後察其喜忌。以定內助之得力與否。其理最精。譬如財官格。財滋弱煞格同。以財爲喜神。妻宮必賢美。若煞用食制格。則財黨煞爲忌。妻宮必不圓滿矣。餘倣此推之。

妻星無一定之神。而妻宮則有定位。日支、妻宮也。妻宮爲喜神。妻必賢美。爲忌神、必乏內助之力。生我用神者爲喜神。尅我用神者亦喜神也。譬如以煞爲用。妻宮有食傷制煞。則吉。有財黨煞則忌矣。妻宮坐忌神而得別支合化。變而爲喜。妻宮必得非常之助。反之喜化爲忌。必乏助力。此言其合化。若逢冲則反是。妻宮坐喜神而逢冲。美難偕老。妻宮爲忌神而逢冲。反得其益矣。更有八字需要調候。而妻宮適爲調候之神。如冬令金水傷官。而妻宮適爲官星。夏令木火傷官。妻宮適爲印綬。亦必有非常之助力也。此皆試之有驗。非理想推測之談。故看妻星。不如看妻宮較有把握也。

看妻宮不能拘泥財星。妻宮生助用神。皆爲內助之徵。如一造。癸卯、丙辰、己卯、壬申。身弱喜印。財印交差。喜得妻宮卯木化財生印。妻美而賢。交入癸丑壬子財運。專恃妻財爲活。則以卯木七煞爲喜神也。

子女根枝一世傳。喜神看與煞相連。

看子星與看妻星相同也。財官格及財資弱煞格。以官煞爲用。故以官煞爲子也。凡八字日主爲我自身。其餘七字。爲環境所有之人也。用神者。與我最有密切關係而爲我所依託之人也。環境中孰爲最密切而依託者。莫如子女。故從用神看子息。於理最爲確當。以用神爲子。更須看子之宮位。生時是也。日元衰弱。用神旺而無制。大都無子。日元旺而用神微弱。生時又尅制用神。亦爲無子之象。用神補助日主。子賢而能。洩弱日主。愚而不肖。譬如火土傷官。需要官煞調候。而時透官煞。必大得子之助力也。

心一堂術數古籍珍本叢刊　星命類　一二六

（參閱子平一得妻財子祿篇）然子與女一也。有女而無子。八字中極難分別。書云。陽干為男。陰干為女。又云官煞時逢胎位。先花後果。此皆理想之詞。未必準確。故八字中子息僅能看有無多寡。於我有助無助。（賢不肖為另一問題）間接推測所得不過如是云爾。

父母或興與或替。歲月所關果非細。

舊說偏財為父。正印為母。偏印為繼母庶母。屢試不爽。從財看父。則須活看。非可拘執也。任註闢之。易以從官煞看祖與父。完全出於理想。天下為父母者。能不為兒孫作馬牛。有幾人乎。即使子息賢能。其幼弱之時。能不受父母之撫養乎。撫養奉養名詞之異耳。六親之義。出於京易。天地為義交。父母也。從印綬看父母。實為理之正。偏財為父者。從印而來。譬如甲以癸為正印。為母。戊為偏財。戊與癸合。故以偏財為父也。推測之法。重在宮位。歲月是也。身弱而日元通根歲月。身強而喜用聚於歲月。未有不上叨庇蔭者也。印透而為我助。上叨蔭庇之福。印透而為我害。或絆合用神。必因父母而發生阻礙牽制窒程。此理至驗。若刱家立業。或破敗祖業。屬於命造之優劣。非關父母。有遺蔭可享。為命中所本有。無遺蔭可享。爰命中所本無。若命中本無而父母遺以豐厚之產。亦不能守。命中本有而父母一無所遺。自能刱立。予所見多矣。為父母者、大可不必枉費心機也。

弟兄誰廢與誰興。提用財神看重輕。

比刼者、兄弟也。以透出干頭爲顯著。若藏支則隱晦難明。祿刃均藏支內。未可相提並論也。何以言提用財神。蓋比刼之用。重在分財。財以月垣用神爲重。如財星食傷太旺。得比刼幫扶。必得弟兄之力。若財星微弱。而比刼爭之。未有不見非殃者也。六親、父母妻子。已屬間接推測。弟兄尤爲間接。若休咎相共。則顯而易見。無利害關係。則隱而難知。各人努力前程。詎能一一顯之於命。故昆仲之興廢。僅能於月提用神方面。以財星之重輕。論其利害關係耳。如

辛巳
辛丑
庚申
辛巳

此李國杰命造。比刼重重。而庚金日主獨得貴人。可知其昆仲雖多。而彼獨得襲爵也。貴在月垣。則爲父母遺蔭。非自創可知。

戊戌
甲子
己巳
戊辰

比刼重重。月垣財星秉令。羣刼爭財。好在甲巳相合。官星助我。制刼護財。所以昆仲雖多。而獨得繼承大宗。月垣子宮爲天乙貴人。子巳戊癸相合。其所繼承者不僅財產。且得爵位。貴在年月。亦出於上代遺蔭。昆仲雖多。不能與爭。此爲合肥李口口命造。

戊寅　比刦重疊。財星亦旺。巳未財貴透出。甲巳相合。富與貴兼。然昆仲亦富。則以有戊土

巳未　餘財供弟兄之分潤也。甲巳寅未相合。財貴來就我。其富貴爲應得之份。非他人可

甲寅　奪。比刦重重。弟兄衆多。而財貴獨向日主。其情專一。非如上造有爭奪之象也。此爲

乙亥　合肥李國筠命造。

六親徵驗。不勝備舉。詳一得錄。學者請參閱之。京易八卦鬼爲繫爻(官煞)財爲制爻(妻財)天地爲義爻(印綬父母)福德爲寶爻(食傷子孫)同氣爲專爻(比刦兄弟)合於天地自然之理。再以用神宮位參合之。自得其大概。若拘執一義。終無是處。

二　富貴貧賤吉凶壽夭

何知其人富。財氣通門戶。

各種格局。皆有成敗。皆有富貴、有貧賤。富者。非必以財爲用也。然財通門戶者無不富。子平法中。未有分類確定不移之看法。同一美格。其爲富爲貴。作何事業。隨環境人事而轉移。非可確定也。惟財通門戶一類。可決定其富而非貴。凡六親富貴貧賤吉凶壽夭。均作如是觀。何謂通門戶。財星當令。得氣得地。配合有情也。財爲喜用。固爲有情。財星太旺而身衰。原局有祿比暗藏。亦爲有情。運至身旺比刦之

鄉。必然致富也。原註所論財通門戶。均爲富貴兼全之象。而非純粹富格。蓋富而不貴者。必在成格之中。略有缺點。貴氣不足也。譬如財星太旺而日主弱。或財星微弱而有氣。原局略帶病態。取貴不足。行運去其病而財星有情。則富有餘矣。若傷官生財而帶官。卽以貴論。因貴致富。或因富致貴。皆不作富推。純粹富造。不多見也。

何知其人貴。官星有理會。

貴者未必皆用官星。而官星有理會者、無不貴。已見上論。昔人論命。專重財官。財官兩字。可作喜神用神看。才爲喜官爲用也。有理會者。得時得地。配合有情。適於日主之需要也。凡干支順遂。精粹。氣勢清純。而喜用得時令生旺之氣者。無不貴。或者日主得局朝垣。而用神合於需要、無損傷者、亦必貴。譬如夏葛冬裘。當王則貴。否則不論財官印三奇。不免有生不逢辰之嘆。亦如夏裘冬葛。雖知其爲珍品。無奈不爲世俗所重也。

何知其人貧。財神反不眞。

財神之象有九。任註言之極詳。貧者對富而言。除富之外皆貧也。社會上富者少而貧者多。凡格局配合有缺點。又無作運相助。不能致身青雲取富貴者。滔滔天下皆是。惟財神不眞之象。可決定其必貧。雖貴居人上。亦無致富之可能也。如財多身弱。稱爲富屋貧人。既不能從。又不能用。結果非坐食消耗。

必因財致禍。雖富亦貧。乃財神不眞之象也。月垣財星爲用。而干透比刼爭財。無官煞制刼。亦爲財神不眞之象。蓋運宜財旺。而見財必引起比刼之爭。則永無致富之可能也。然貧非衣食不給淪落下賤之謂。儘有事業聲譽。均有相當地位。而財無積儲。不能稱富有者。非可概以財神不眞爲劣也。

何知其人賤。官星還不見。

賤者對貴而言。今昔之人。心理不同。專制時代。唯官爵爲貴。今者地位聲望爲社會所尊敬者皆貴也。貴又與權勢不同。貴者非必皆有權勢也。從前專以官爵權勢之有無爲貴賤。其注重官星也固宜。總之格局淸純。配合適宜。用神得時得地。合於需要者。無不貴。反之格局乖悖混亂。用神失時失地。無情無力者。皆謂之賤。賤者不能顯用於時。非下賤之謂也。貴格不用官星者多矣。謂官星有理會爲貴格之一則可。以不見官星爲賤則不可。社會上除富貴者外。有無量等級。譬如格局淸純。喜用配合亦適當。特失時失地。或得時矣。而局中有病無藥。皆難以取青紫。此類大致以商人爲多。更有格局乖悖混亂。喜用有閒神牽制。配合無情。此爲下格。庸庸碌碌。無聲無臭於社會。然皆不能以賤論也。賤又與凶不同。凶者流離顚沛。淪落災厄。坐於命宮也。而賤僅爲無官爵之通稱。生不逢辰。不能展其懷抱。除富貴命造外。通謂之賤可耳。不能一一舉例也。

何知其人吉。喜神爲輔弼。

吉與富貴不同。吉者一生安富尊榮。無風浪險巇之謂也。喜神者我所喜之神。與喜用之喜略異。人生數十年。不能始終順運。所賴者遇逆運而有救應也。爲我輔弼之神。適能救運之逆。則其一生平安吉利可知矣。凡八字有用神。必有喜神。若喜神不能救運之逆。雖爲我輔弼。不足爲吉也。譬如以官爲用。財印爲輔。同透天干。或同藏地支。遇傷、有財化之。有印回尅。官星無損。見刼、有官制刼以護財。見財、有官化財以衞印。互相衞護。不論行何運。喜用皆無損傷。此三奇格所以可貴也。次之官爲用。財爲輔而無印。遇傷官運。財可救應。遇七煞運、才不能救。非吉也。八字中如三奇格之互相救應。不可多得。次者觀其所行之運。原局有無救應之神。如能救應之神適爲我輔弼。則亦可斷其爲吉矣。如官煞旺而身衰。以印爲用。運途有財。破印爲禍。而原局有比刼透干。爲我輔弼。至財運比刼回尅。不傷印綬。此比刼爲我之喜神也。

何知其人凶。忌神轉輾攻。

凶與貧賤不同。貧賤者喜用失局失垣。不富不貴而已。凶者。原局喜用損傷。又無救應。不論運途順逆。皆無善果。欲求碌碌牖下而不可得也。有生於富貴之家而凶者、不必盡貧賤也。傷我喜用者爲忌神。原局忌神肆逞。挽救極難。即在好運之中。亦意志徬徨無定。行爲不軌於正。更遇忌運相攻。決無幸免之理。諺云命好不如運好。此有激之譚。富貴定於命。窮通賴於運。命爲根本。若原命有損。運豈足恃。

庚辰　3乙酉　壬水通根。旺而喜洩。甲木爲用。水木傷官。喜見財星。以寅中丙火爲喜
甲申　13丙戌　神也。無如天干甲木。庚金尅之。地支寅宮。申金冲之。忌神轉輾攻也。出
壬辰　23丁亥　身詩禮大家。而幼不讀書。丙戌丁十五年。裘馬翩翩。豪華公子。亥運之
壬寅　33戊子　後。逐步衰落。至戊運生起庚金。一敗塗地。丁巳年三刑四冲而歿在戊
子兩運出入之間。

乙卯　1戊寅　丁火生於仲春。有木火通明之象。丁巳並透自午。巳土食神爲用。酉金
己卯　11丁丑　財星爲喜。無如天干之巳。乙木尅之。地支之酉。午火破之。卯木冲之。忌
丁酉　21丙子　神環攻。喜用盡傷。出身雖不及上造。然亦詩禮舊家。境遇小康。衣食無
丙午　31乙亥　憂。自幼不軌於正。丁丑運中。已破其家矣。

何知其人壽。性定元氣厚。

壽夭之象。須從精神方而體察之。性定者干支不相冲尅。無戰爭不寧之象也。元氣厚者。體用通根長生祿旺。得時得局。干支順遂。有喜無忌也。若見忌神。即使無根。亦有不寧之象。必有缺陷。如徵義所載乙未、戊寅、乙卯、庚辰、一造。曲直仁壽格而見庚金。春木忌金。原局無火。爲有病無藥。元氣雖厚而性不定。貧賤而壽之徵也。五行周流無滯。源遠流長之格。運遇忌神。原局咸得引化。生機不遭阻礙。固爲長

壽之徵。而成格無破。體用祿旺。運遇忌而得化者。亦爲長壽之象。配合有情而得情之至。爲富貴而長壽。配合有缺未得情之至。爲貧賤而長壽。

乙丑　45壬午　曲直仁壽格。支全亥卯未。元氣深厚。天干丁巳並透。食神生財。干支順
丁亥　55辛巳　遂。無不享之象。年支丑爲早年困苦之徵。不足爲病。似較段執政造。乙
乙未　65庚辰　丑、己卯、乙亥、癸未爲優。然而段貴爲執政。而此造僅爲一鄉農。則以生
己卯　75己卯　於十月。木不乘令。得局失垣之故也。然而性定氣厚。家世小康。壽屆古

希。子孫滿堂。一鄉稱善人也。

壬辰　45戊午　此遜清王湘綺命造。月垣印旺。土金木火相生。元氣深厚。寒金喜火。喜
癸丑　55己未　得壬癸透干。而丁火藏午。更有己土甲木護之。行丙丁運。有甲木通水
辛丑　65庚申　火之情。庚辛運有食傷洩比刼之氣。生機無阻。爲長壽之徵。王生於道
甲午　75辛酉　光十二年。至民國初元。壽已八旬外。依然精神矍鑠。故長壽不必盡爲

源遠流長之格。只要得氣深厚。原局輔弼有力。生機無阻。卽爲壽徵。

何知其人夭。氣索神枯了。

氣索神枯爲夭壽之徵。索者、蕭索也。濁爲貧苦之象。(見淸局濁氣節。)日主旺而無洩。或日主弱而滲

尅。配合無情。體用受傷。而無生尅制化之助。生機息滅。爲氣索神枯之象。壽之與吉。凶之與夭。均相似而不同。忌神轉輾攻。決無能長壽者。特凶爲喜用被傷。有風波起伏之象。夭爲體用無情。無引伸制化之用。生機汨沒。幼年不出外做事。無所謂風波。特不壽耳。

丙申　6 丙申　甲木生於六月。土燥木枯。不能無印。爲木火傷官佩印也。無如未爲夏
乙未　未申爲秋始。戌爲秋末。亥爲冬始。四字爲四時代謝之方。孤辰寡宿之
甲戌　位。生機盡熄。行運至申。甲木絕地。絕頂聰明。僅十四歲而歿。
乙亥　又按此造未申坤宮。戌亥乾宮。天關地軸。格局極鉅。無如天干不透土金。而透木火。上下無情。木火至西北。氣勢衰絕。宜其夭也。

丁酉　7 辛丑　甲木生寅月。兩逢祿地。春木喜火以暢其生機。忌見官煞之尅伐。所謂
壬寅　17 庚子　嫩木忌埋根之鐵也。酉丑遙合。根株朽腐。有丁火可以制金洩木。有壬
甲寅　水可以洩金生木。丁壬一合。兩失其用。運行辛丑。陰濃溼重。自幼多病、
乙丑　庚子運庚申年病歿。年僅二十四。

三　性情

五氣不戾。性正情和。濁亂偏枯。性乖情逆。

五氣者。五行之氣戾者。乖戾也。人稟五行之氣而生。如所稟之氣逆戾。則其人之性情。隨之乖張。所稟之氣中和。其人之性情。自然純正。此理至驗。譬如四柱純陰。其人必城府深沉。陰柔濡滯。四柱純陽。其人必中正坦白。陽剛急燥。此屢試不爽者。不特命有定。運亦有關。幼年好游蕩嬉戲。讀書無成。所行必逆運也。強迫管教無益。運轉順利。自然敏而好學。進步至速。前後頓若兩人。此皆莫之爲而爲。莫之知而至者。在其本人亦莫明其妙也。至以仁義禮智信配金木水火土。似太拘泥。跡近附會。然亦有可徵者。譬如傷官格皆才[illegible]穎。而從來學問文章名山事業。大都金水傷官爲多。則主智慧之說可信。木主仁壽。金主果決。火主剛正。土居厚重。亦有可徵者。特八字配合。當看其流露於外者爲何物。而推其性情。不可執一不化耳。譬如水主智慧。有土泥濁。反主愚鈍。木主仁壽。春木見金。反主夭折。即一神專旺之格。亦須察其配合喜忌。非可一例論也。察五行之情性。而人之情性在其中矣。

火烈而性燥者。遇金水之激。

火之性燥而烈。八字之以火爲體用者。最宜潤之洩之。以引其性情。不可強制尅抑。若見冲激。禍不旋踵。所以火金對峙。必須有溼土以護之。水火對峙。必須有木以和之。皆所以和緩其性也。更須察其體用。如火土傷官。火炎土燥。遇水潤土。反爲有益。蓋火之氣。已洩於土。遇水、有土制水以衛火也。若土爲日主。而以火爲用神。一見水運。必有災殃。蓋用神能衛日主。而日主不能衛用神。見水傷用。甚於傷日主也。

癸丑　戊午　己巳　丁卯　見強衆敵寡節

戊戌　己未　戊戌　丙辰　見形全節

丁酉　丙午　戊午　乙卯　見順逆節

己未　己巳　戊午　乙卯　見順逆節

此四造皆土爲日主。火爲用神。水激有禍。

戊戌　己未　丙子　庚寅　見剛柔節

戊辰　己未　丁巳　丙午　見剛柔節

此兩造火爲日主。土爲用神。水運潤土。反得其益。

水奔而性柔者。全金木之神。

水之勢象冲奔。而性質至柔。見之於八字者。用其冲奔之勢。不可逆其潤下之性。用其柔順之質。可以全金木之神。唯其性柔。故能洩金之銳而存木之用。如金木對峙。非以水濟之。不能兩全也。木主仁。水主智。金主果決。金見水而氣洩。剛決之氣。轉爲智慧仁厚之性矣。

戊寅　21癸亥　此造時透甲木官星。日主己土合之。不能去官別覓用神也。無如月垣

庚申　31甲子　庚金秉令。眞神透出。不能不用。金木交爭。必傷官星。幸得申中壬水、子

己丑　41乙丑　中癸水。洩傷之氣以生官。用其柔性。金木兩全。早年辛酉壬運。讀書聰

甲子　51丙寅　慧非常。戊癸運多病。交入亥運。身體頓健。接行甲子。一帆風順。官至簡

任。乙丑金太旺。去職。人謂丙寅運去傷扶官。爲一生最美之運。不知強制庚金而扶甲。其用不全。妻子兩傷。抑鬱無聊。潛心於佛學。蓋其世智聰明。一轉而爲慈悲智慧矣。

乙未　15丙子　寅中木透。申中庚透。金木對峙。爲財印交差之局。非壬水偏官。不能全

戊寅　25乙亥　財印之用。前運子運爲美。亥運壬水得祿而會四冲。丙寅年得意。而厂

丙申　35甲戌　卯年挫折者。亥卯未會成木局。化官爲印也。將來癸酉壬申運。必有生

庚寅　45癸酉　發。唯戊土當頭。亦須流年補助之。方得全美也。

木奔南而軟怯。金見水以流通。

此兩句承上文而來。中述水能全金木之理也。木生於巳午未月南方月令。眞傷官也。氣太洩而軟怯。不論木之旺衰。非佩印不可。印者。水也。木弱得水。潤木之根。不畏火洩其氣。火亦不能焚木。木旺而根得水潤。則以火洩木之菁英爲貴也。否則。火燥木枯。即使黨多而強。亦屬偏枯之象。此水能全木之神也。金生於秋。氣盛金銳。用火以強制之。得其宜則剛果。不得其宜則拘執。不如見水以流通其性。金水

傷官。自成潁慧之質。所謂強金得水。方挫其鋒是也。此水能全金之神也。

最拗者西水還南。至剛者東火轉北。

上文述順其性。此言逆其性也。水性潤下。順則有容。四時五行之序。自東而南而西而北。順行十二神。順也。水長生於申。爲發源之地。順行西北則潤下。人命秉此。自得中和。主度量恢宏休休有容。更配合適宜。無不吉矣。若逆行南方運。爲逆流還南。水逆流則激而有聲。入格者主清貴。有聲於時。特性必拗執。更遇刑冲阻礙。則橫決而不可遏也。火長生於寅。氣勢炎上。順行南方。果斷有爲。逆行坎地。則謹畏守禮。蓋其燥烈之性。強納之於軌矩之中。剛氣潛伏。雖守正不阿。而性非暢遂。故水火並立。宜見木以成既濟之功。不宜行水旺地以逆其性。然不至於死。若行申酉。則不能免。火之氣絕也。書云丙臨申位逢壬水。難獲延年。正以本氣絕而見尅也。

戊午	25戊午
乙卯	35己未
壬子	45庚申
庚子	55辛酉

此康有爲造。壬水生二月。爲東水非西水也。然水發源於申宮。運行南方。總爲逆流還南。加以子水兩見。年午月卯。刑冲俱備。大運戊午。早年有聲於時。己未運發動戊戌政變。辛酉運又爲復辟首領。拗執之性。至死不變也。

癸酉　16壬子　此梁啓超命造。丙火長生在寅。生於寅月。異東火也。運行北方爲轉北。
甲寅　26辛亥　好在年上金水相生。財生官爲用。子運冲午。聲名鼎盛。而戊戌政變時。
丙午　36庚戌　方廿六歲。正子辛兩運交脫之際也。始終不變其主義。秉其至剛之性。
癸巳　46己酉　主張君主立憲而不阿附洪憲。不忘清室而不阿附復辟。蓋其本性使
然也。至戊申逝世。近日更見一造附錄於次。可爲西水還南之證。

丁丑　13丙午　財滋弱煞格。身印通根月令。財官聚居戌宮。月日夾印。日時夾祿。四柱
戊申　23乙巳　毫無破敗。以命而論。無論如何。當貴居極品。雖少年斐聲翰苑。不足以
壬戌　33甲辰　盡其量。細按之。其唯一之病。爲西水還南也。逆行入格。故主清貴。有聲
庚子　43癸卯　於時。巳運發甲。甲辰之後。氣轉東方。不圖進取。壬癸兩運。逆流泛濫。時
有變生肘腋之慮。論命不易。良有以也。

順生之機。遇擊神而抗。逆生之序。見閑神而狂。

木奔南。金見水。皆順生之機也。擊神者、相尅之神也。如木奔南。爲木火傷官之局。原局有印。宜行水木之運。金見水、爲金水傷官之局。原局有官。宜行金水之運。此所謂順生之機。引其性情是也。木奔南而遇土金。金見水而遇火土。則阻礙氣機。非抗而何。西水還南。東火轉北。逆生之序也。西水還南之局。木

爲閒神。東火轉北之局。金爲閒神也。水宜潤下。不宜違逆。還南則火爲忌。木助火之餘。忌神豈不更肆逞乎。火宜炎上。不宜向北。轉北則水爲忌。金助水之勢。忌神豈不更猖狂乎。

陽明遇金。鬱而多煩。陰濁藏火。包而多滯。

陽明陰濁。指氣象言。陽明非止木火。而以木火概括之。陰濁非盡金水。而以金水概括之。譬如春木見火。陽明之象。丙火見壬水或庚金。亦陽明之象也。金者、肅殺之氣也。水者、陰寒之氣也。言金意兼水。鬱者、氣象鬱塞也。陽明遇金。外象暢遂。內懷鬱塞。生機有阻。則性情必多煩懣。譬如甲木生春。喜見丙火。成木火通明之象。若四柱藏金。生機暗受阻損。丙火見壬水。喜得木印以成既濟。忌見金財、破印黨煞。丙火見庚金。喜得丑土而成鎔印。忌見官煞制刼。蓋重見金水。則陰濁之氣盛。陽明被其包圍。生機不能暢發。自多煩懣之象也。

秋金見木。冬水遇金。皆陰濁之象。四柱之中。包含一點火。此發動之機也。但必須運程引出。方成有用。若運程仍行金水。則有動機而無動象。其行爲必多蹇滯也。

陽刃局。戰則逞威。弱則怕事。

陽刃格即煞刃格也。七煞陽刃皆凶神。以互制爲用。最宜印運以調和其氣。運程助煞則成戰尅之象。故命犯陽刃。性質剛暴。心無惻隱。大忌冲合。若原局有冲合。歲運再見。必有災殃。傷妻破財。爲所難免。

蓋陽刃成格日主必旺。旺逾其度。滿極招損。加以冲合。勢必橫决也。若日元衰弱。全恃時上一點刼刃幫身又有官煞制之。其人性質反遇事畏葸。蓋財煞多而無刼刃則成從格。既有刼刃爲根。則不能從。又不能令反爲財多身弱。富屋貧人。其畏葸怕事。乃必然之勢也。

傷官格、清則謙和。濁則剛猛。

清濁須視其配合。食傷透洩菁英。宜任其自在流出。不可有阻礙之物。如夏令木火傷官佩印。印宜藏支。傷宜透干。印傷不相礙。自見清澄之致。冬令金水傷官見官亦然。若傷印或官傷並透。卽謂之濁。清則聰明俊逸。性質謙和。濁則傲兀而驕。不諧於俗。剛猛二字。須意會之。不可執着。傷官爲聰穎之性。遇事違逆。則反動而成拘執。亦必然之勢也。

用神多者、情性不常。時支枯者、虎頭蛇尾。

多者月令之神。重逢疊見。非二三四五用神之謂也。用神不可有二。何况於多。窮通寶鑑云。用神多者宜洩不宜尅。與此用神多三字同一意也。譬如月令傷官。而食傷疊見。占八字之四五字。或月令官星而官煞重疊。占八字之四五字。原局日主通根。不能不取多者扶抑爲用。此卽所謂用神多也。用神者、我環境中最密切倚託之神。若重疊太多。則爲環境所支配。而少自由。見之於事。則爲少恆一之志。而多變遷之心也。

時爲歸宿之地。若八字年月旺相而時支死絕。則其人必懷才莫展。志願難償。見之行事。自必始勤終惰。欲前又卻。而貽虎頭蛇尾之誚也。

四　疾病

五行和者。一世無災。血氣亂者。平生多疾。

五行以和爲貴。濁亂偏枯則性情乖戾。血氣混亂。則疾病叢生。我人在大氣之中。如魚之在水。譬如淡水之魚。置之於海水之中。淺水之魚。置之於深水之中。不自覺其鬱滯煩悶。於是有性情乖戾之象徵。不能相習成性。則血氣混亂。疾病叢生矣。夫人血肉之軀。孰能無病。大抵尋常之病。藥之即愈。不藥亦愈。雖時有久暫。無常病之理。故寒暖暑溼之病。非關命運也。由命運所致之病。大抵精神萎靡。身體頹弱。無病之名。而百病叢生。藥石無靈。此爲五氣乖戾之病。非世俗藥石所能治也。原命所秉之氣。得運程和之則吉。運由月令流出。氣勢依次經行之序也。行乖悖之運。而本身不能抵抗則死。故人之不祿。每見於運歲冲激之際也。

忌神入五臟而病凶。客神游六經而災小。

忌神入五臟者。病在原命也。客神游六經者。病在歲運也。病在歲運。歲運更換而病愈。故云災小。病在原局。終身系之。即暫得歲運之和。無斷除病根之望。故云病凶。譬如身弱用印化煞之局。印運最吉。比扶助之。雖無發展。康健可期。財運破印則凶。食傷洩弱日元之氣。而又制煞則病。此類之病。必須俟運程過後。方獲痊癒。若原局之病。與氣濁神枯相似。無痊癒之望也。

木不受水者血病。土不受火者氣傷。金水傷官。寒則冷嗽。熱則痰火。火土印綬。熱則風痰。燥則皮痒。論痰多木火。生毒鬱火金。金水枯傷而腎經虛。水木相勝而脾胃泄。

木不受水者。木不能洩水之氣也。土不受火者。土不能洩火之氣也。金水傷官無火則過於寒而成冷嗽。火旺則水氣鬱蒸而成痰火。火土印綬。火炎為風痰之病。土燥為皮痒之疾。木火之病。見在痰火。火金之病。見在瘡毒。金水之病。見在腎經。水木之病。見於脾胃。此乃從五行相勝而推其致疾之由也。命理所憑。僅干支八個字。由此推測吉凶壽夭、富貴貧賤、性情疾病十門。旁及六親興衰賢不肖。已極煩複細微之致。再推其六經致病之由。雖理有可能。而事少實證。如纖善篇云。金弱遇火炎之地。血病無疑。土衰逢木旺之鄉。脾傷定論。筋疼骨痛。皆因木被金傷。眼暗目昏。必是火遭水尅。憑各人經驗推測。或有可徵。要宜活看也。

五　出身

巍巍科第邁等倫。一箇元機暗裏存。

出身二字。不易辨也。從前重科第。今則科第久廢。將何辨之。要之所辨者。清濁二字而已。出[illegible]。[illegible]之發軔也。一清到底。吉神暗藏。爲貴顯之徵。更見秀氣流露。則出身必由於科第也。凡八字財官印綬。配合整齊。顯露於外者。非極貴之品也。淺顯簡單。一望而知。無廻護拱合之情者。雖貴亦平常也。唯有初看平淡無奇。而元機暗伏。表面似乎無情。而暗中處處廻護。此類八字。其貴非尋常可比也。更有開國帝王之造。其命大致渾渾穆穆。不可方物。無顯著貴徵可取。如清代康熙之造甲午、戊辰、戊申、丁巳。（詳見始其所始節。）明太祖造戊辰、壬戌、丁丑、丁未。其厚重精神。有非可以言宣者。至於後代帝王之造。與尋常人無殊。而宰輔封疆之命。又顯然各別。豈富貴有所不及。亦以推測之術。有所窮也。

壬子　23癸丑
庚戌　33甲寅
辛巳　43乙卯
壬辰　53丙辰

此遜清張文端公廷玉之造。九秋辛金餘氣。水逢濁氣。平淡無奇也。不知月垣印綬秉令。而天干金水流露。金水傷官喜見官星。而日坐巳宮。丙火官星得祿爲用。吉神暗藏。子戌拱亥。巳宮正對天門。巳火爲源。火土金水。生意不悖。宜乎科甲出身。太平宰相。富貴壽考。爲有清一代名臣。配享太廟。生榮死哀。而天干金水洩其秀氣。可知其出身由於科甲也。

辛未　26丙申
己亥　36乙未

此遜清曾文正公國藩命造。天干火土金。傷官生財。地支亥未辰。食傷煞印雜出。毫不見好處。不知亥未一合。傷官七煞化爲印綬。濁中轉清。

丙辰　46甲午　而地支四字皆印地也。故爲人慈祥愷悌。玄機暗藏。功名事業。超群邁

己亥　56癸巳　倫。而天干火土。秀氣流行。可知其由科第出身也。殁於巳運壬申年。壽

六十二。

清得淨時黃榜客。雖存濁氣亦中式。

富貴本乎命。窮通係乎運。命好而無運以濟之。則僅得科甲而止。不能更上一層矣。好命之中。亦有分別。清得乾淨、秀氣流露者。必是科甲出身。更得好運運環相助。霖雨蒼生。貴未可量。所以科甲者。非富貴之外、別具一種格局也。清之程度有所不足。或略有疵累。則爲清得不淨。亦有一榜之榮。非謂原命濁者。可以中式也。

己未　11己巳　此梁鼎芬命造。遜清張之洞幕中有名人物也。甲木生於仲夏。必須佩

庚午　21戊辰　印。月垣傷官秉令。財星透出。傷官生財爲用也。庚金雖得祿於申而在

甲辰　31丁卯　午月。脆弱之金。不足以尅木。申辰會合而透壬水。煞化爲印。坐下辰宮。

壬申　41丙寅　蓄水培木。四柱清純。乾淨之至。交入戊運。連捷成進士。翰苑斐聲。爲名

翰林。年僅二十二歲也。繼入張幕。丁卯丙寅運中。出任武昌知府。升任藩臬。則運助之矣。如上文[illegible]水還[illegible]。丁丑、戊申、壬戌、[illegible]子、一造。清得[illegible]淨。必[illegible]之造。[illegible]中年[illegible]程[illegible]逆。則不

能更上一層耳。

丁卯　21甲辰　天干丁癸、兩神成象。地支卯未會局。己丑會局。氣勢非不清純。食神生
丁未　31癸卯　財。而在丁火司令之時。亦爲眞神得用也。特癸水生於小暑後。金水未
癸巳　41壬寅　得進氣。非得庚金發水之源。則氣勢不足。猶幸己丑會局。暗金生助甲
癸丑　51辛丑　運辛卯年。秋闈得意。辰癸運中。屢戰春闈不第。至卯運以名孝廉改任

外官。辛丑之後。氣轉北方。欲求再出而不可得矣。

秀才不是塵凡子。清氣還嫌官不起。

凡看出身與富貴同。非個個八字皆顯然可見。亦非靑一衿者。皆是官星不起。特八字氣淸而官星不起者。可決其一衿困守。終老寒氈耳。官星又可通作用神看。不起謂不動。雖有官星。其用不顯也。格局亦淸而用神匿伏在下。無活動之氣。或雖透出干頭而無根。喜用不得氣。皆困守之象也。

癸亥　24己未　天干壬癸。地支亥丑。夾拱子祿。戌亥子丑。氣聚西北。非不淸純也。最喜
壬戌　34戊午　一點丁火。藏於戌宮。有寒谷回春之象。財官相生爲用。無如丁火藏庫。
癸丑　44丁巳　財官皆背旺。重重鎖鑰。財官閉藏庫中。品高學粹。文章爲一邑泰斗。而
癸丑　54丙辰　十上秋闈不第。並優拔未得。以廩貢終其身。

甲子　21庚辰　天干財官印。非不美也。辛金日坐身庫。氣勢清純。無如丁甲皆無根。湮

丁丑　31辛巳　木枯木。不能生火。土凍金寒。雖有丁火。亦等於無。困守寒氈。老而無子。

辛丑　41壬午　此造天干透一丙而支有一寅。未有不貴者也。

己丑　51癸未

異路功名莫說輕。日元得氣遇財星。

意亦同上。非異路功名皆是用財星。而日元有氣。財星爲用者。決其貴非出於科甲也。凡非科甲出身者。統名異路。遇財星與財通門戶有別。財通門戶者。財星乘令或歸坐下。與日元聯合有情而遇財星者。如官傷並透。用財解爭。印星太旺。用財損印。或水木傷官生於冬令。用財調候。皆是也。言遇者非專以爲用也。財亦可通作喜用。八字雖欠清純。而日元有氣。喜用有情。則必顯貴。加以運助。亦有功名顯赫。極富極貴者。但少秀氣。不能以科名顯。此種八字極多。不勝備舉也。（見通關節）

六　地位

臺閣勳名自世傳。天然清氣顯機權。

干支配合順遂精粹。氣勢清純。精神團結者。自有一種清氣也。凡貴格皆有之。清氣出於配合。須合全局觀之。不[illegible]指定何字爲清。何字爲濁也。[illegible]如[illegible]喜火而[illegible]宜滋[illegible]。[illegible]方[illegible]亢[illegible]之病。水火既[illegible]。

自有[illegible]之[illegible]。去水去火。皆[illegible]爲全美矣。此種地方。所看旣多。自能領[illegible]。若[illegible]指定之。反有執一[illegible]之弊也。

兵權獬豸弁冠客。刃煞神清氣勢特。

兵權者。統帥之尊。獬豸者。御史之服。八字貴者非一。貴而握重權者亦非一。而刃煞神清一類。可決其必爲掌握兵柄。權操生殺者也。

壬申　29甲寅
辛亥　39乙卯
丙午　49丙辰
庚寅　59丁巳

此前清左文襄宗棠之造。丙午日元坐刃。年上七煞透干。寅午會成火局。七煞逢生得祿。刃煞神清。眞神得用。運行甲寅乙卯。助起陽刃。掌握兵柄。威鎭邊疆。然同時曾彭胡駱諸造。皆不屬刃煞一類。可知貴而掌生殺之柄者非一。特刃煞雙顯均停一類。則可決其掌生殺之權。貴爲王侯耳。

丁卯　26癸卯
丙午　36壬寅
丙子　46辛丑
壬辰　56庚子

此民國廣東巡閱使龍濟光命造。丙生午月。陽刃透干。子辰會局。七煞透出。煞刃雙清。丁壬相合。煞刃有情。子辰相合。解子午之冲。煞刃不戰。更得卯木通煞刃之氣。癸卯壬寅。煞印相生。爲兩廣巡閱使。手握重兵。威權赫奕。

分藩司牧財官和。格局清純神氣多。

財官和者。喜用有情也。神者、精神也。氣者、氣勢也。上自分藩開府。下至百里之侯。皆爲獨當一面之尊。格局清純。自有相當之地位。用神無羈合牽絆。則能顯其用而行使其職權。財生官旺。不相冲突。可斷其必爲方面之官。而其爲分藩爲司牧。則當於清純之程度。精神之有無。氣勢之高下而斷之。

乙卯　13戊寅　庚申日元坐祿。生於三月。財星有氣。財旺生官爲用。爲時上一位貴格。
庚辰　23丁丑　寅運驛馬冲動。遠走京師。丁運官星用事。捐納到省。丑運出宰名區。丙
庚申　33丙子　運歷當要差。子運之後。丁憂隱居不仕。安富尊榮。癸運損用而歿。壽六
丁丑　43乙亥　十九。

丁巳　17癸卯　癸水生於四月。氣勢臨絕。必須要有庚辛之金以發水之源。喜得日坐
乙巳　27壬寅　丑宮。暗藏金水。已丑會局。生助日元。爲元機也。財旺生官。而以印爲用。
癸丑　37辛丑　癸運中連捷成進士。壬運歷任京職。辛丑轉外官。庚運開府北洋。兩造
丙辰　47庚子　同是財官和。而精神不同。氣勢不同。局面之大小。亦迥不相同也。

便是諸司幷首領。也從清濁分形影。

諸司首領、言各司各科之長。佐貳雜職之官也。形影者、差等也。格局貴賤。不外乎清濁。而貴賤之等級。不過從清濁中分其高低上下而已。格局清者地位高。愈清則愈高。略遜則略低。如影之隨形。不差累黍。並非別有一類格局也。

第四編　婦孺

一　女命章

論夫論子要安詳。氣靜平和婦道彰。三奇二德虛好語。咸池驛馬半推詳。

女命與男命一也。取用看法。無一不同。何以要另立一章。論夫論子。要知此為社會上對於女子之觀念不同。非命理有殊也。重男輕女時代無論矣。現在號稱男女平權。機會均等。設有女子因夫不可靠。子不足恃。而自食其力。出外謀生。在男子為份內事。而女子總不能稱為佳命也。即使事功卓越。聲譽揚溢。亦羣目之為非常人物。不視為有福之人。此乃社會歧視女子之觀念。論命者隨社會之習慣。專擇安富尊榮。享用現成一類。在男命所謂少年公子老封君者。稱為上上之格。所以日主不宜其旺。旺者自掌權衡。非福也。不嫌其弱。弱者因人成事。恰合所宜也。究之過旺非宜。過弱亦非宜。當以平和為貴。干支戰剋。則風波起伏。非女命所宜。當以氣靜為尚也。用神者、利害關係最密切、而為我所倚託之人。女命所密切倚託者。非夫卽子。故用神喜神卽夫子二星也。舊說官煞爲夫。食傷爲子。窮通寶鑑以用神爲子。生我用神者爲夫。其說較活。神而明之。存乎其人。刻舟求劍。必無是處。各家命書。無專論婦女者。片詞隻語。難窺全豹。陳素庵老人命理輯要。輯各家論命之精華。中有陰命賦一篇。不載何人所著。爲通行會海各書所無。特略加箋釋。錄之於下。女命看法。大致具備矣。

陰命賦

凡觀陰命。先觀夫子興衰。欲究榮枯。次辨日時輕重。

年月爲祖基。日時爲本身。喜用在年月。旺於早年。必在母家。喜用在日時。中晚興隆。則旺在夫家。女命以夫子爲重。故以喜用居日時爲親切也。

官爲夫。財旺夫榮。食爲子。印盛子衰。

官星最宜財生。較行官旺地爲有情。且財旺生官之格。不嫌身弱。女命最宜見食神生旺。有財化之。不礙官星。最爲兩全其美。若以官印爲用。印不宜太盛。盛則奪食。有礙子星矣。

日主旺相奪夫權。月令休囚安本份。

日主旺相。多主自創事業。不招蔭庇之財。所謂女掌男權是也。舊社會女掌男權。多不爲福。非一定尅夫也。若臨祿刃而用財星。則必尅夫矣。月令休囚則身[illegible]。[illegible]人[illegible]退。安守本[illegible]。以女命[illegible]以[illegible]

強爲忌。正以奪權爲忌非以身弱爲美。正以安本份爲美也。

有官不可見煞。有煞不可見官。

既以官爲夫星。夫星只可有一。不可有二。不但官煞混雜爲忌。重官重煞皆爲忌也。一造甲寅、戊辰、戊辰、甲寅爲一女名伶之命。張宗昌之下堂妾也。論八字兩神成象身強煞旺。若爲男命必建事功於他方而爲女命則不免賣履分香。雖聲名鼎盛。終非所宜所謂貴衆則舞裙歌扇是也。

官星無尅値二德可兩國之封。七煞有制遇三奇爲一品之貴。

二德。天月德也。三奇。甲戊庚或乙丙丁也。二德三奇。不過點綴貴氣。錦上添花。所謂虛好話是也。要在無尅有制四字。財旺生官之格。不見傷尅。必貴之造。食神制煞之格日主不可太弱。若日主通根而七煞有制。亦必貴之造也。

喜食神而制煞生才。惡傷官而尅夫盜氣。

食神能制煞。傷官亦能制煞。傷官尅夫盜氣。食神亦能尅夫盜氣。且制煞與生財。決不能並用也。須分別觀之。用官星不宜見食傷。遇食傷則須財以化之。則食傷生財，轉而生官矣。用七煞喜見食傷制之。不可見財。遇財則化食傷之氣以助煞矣，更須日主通根。否則官煞尅身。食傷盜氣。尅洩交集。非尅夫即夭壽矣。

貪財壞印。豈是良人。用煞逢官。非爲節婦。

身弱用印。或官煞太旺而用印。決不可見財。見財則爲貪財壞印。身主雖弱。亦非本份之人。不可以日主休囚。一例作循良論也。用煞逢官。見上有官不可見煞。節、

身居旺地。雖富足。夫子刑傷。日值衰鄉。縱貧寒。夫子完聚。

此兩句申述日主宜弱不宜強之意。因女命重在夫子二星。故身居旺地非宜。衰鄉爲福也。八字之中。日主秉令而喜用通根。或喜用秉令而日主通根。皆足以爲福。而女命專取喜用秉令一途。書云陽刃主掌重權。建祿離招祖業。又云建祿生提月。財官喜透天。不宜身再旺。唯喜茂財源。雖喜財官。乃是我去用財用官。不是隨財官而旺。故多主不恃蔭庇。自創事業也。男命陽刃重重必剋妻。女命必剋夫子。建祿亦然。富足貧寒。乃是另一問題。非身旺卽富也。如一造甲寅、丁卯、乙巳、庚辰、小姑居處本無郎。又一造辛卯、乙未、丙午、丁酉。陽刃倒戈必剋夫。雖富足無所取。不如貧寒而能鴻案相莊也。

日旺、而巧於婦業。日衰、而拙於女工。

承上文宜衰不宜旺之意。日主旺則精明能幹。日主衰則懦弱愚拙。持家須健婦。過旺則有刑傷夫子之患。過弱拙於治家。亦非所宜。此重言以申明日主須稟中和之意也。

貴神一位。不富卽榮。合神數重。非尼卽妓。

貴神官星也。卽一位貴格富貴之徵。官星忌合。所謂合官忘貴也。日主合之則無礙。若數官爭合日元。亦爲忌見。凡用神皆宜淸透。不可與閒神相合。卽使不被合去。而絆合牽制。不能顯其用。固不僅官星忌合也。女命以官爲夫。如被別干合去。則無夫。數官爭合則多夫。故云非尼卽妓也。

貴人乘驛馬。決主威風。官星帶桃花。定爲貴重。

貴人官星也。驛馬財地也。寅午戌火人以申宮庚金爲財地。申子辰水人以寅宮丙火爲財地。己酉丑金人以亥宮甲木爲財地。亥卯未木人以巳宮戊土爲財地。官臨財地。自爾威風。桃花，卽咸池。印地也。寅午戌火人以卯爲印地。亥卯未木人以子爲印地。申子辰水人以酉爲印地。己酉丑金人。以午宮巳土爲印地。官臨印地。定主貴重也。

又按桃花煞寅午戌年生人。干支納音屬火。見卯方爲眞桃花。又卯年生人見寅午戌爲倒插桃花。餘倣此類推。

食神獨者。安和而有子有壽。合神重者。嬌媚而多賤多情。

食神傷官爲本身精氣之流露。故依食傷看子。又食神一名壽星。古訣食神無損壽綿長。凡用神皆不可損。更宜獨透而淸。忌見羈合。食神獨透爲用。必主有子有壽。合神重句見上合神數重節。

四仲全、乃酒色荒淫之女。四孟備、乃聰明生發之人。未丑刑而不忌。辰戌冲而非良。

四仲者子午卯酉也。四孟者、寅申巳亥也。女命宜安靜尅戰之局，風浪起伏多。總不爲吉。子午卯酉爲沐浴咸池之鄉。氣勢專一。若四仲全備。多主酒色荒淫。男女一也。四孟爲長生祿旺之地。支中所藏人元。互相生尅。故云聰明生發。然三刑全備。八字佳者。亦損貴氣。刑而兼冲。禍生不測者。多合格而福壽者少。未可一例論也。丑戌未之關係淺。若見辰、爲刑而兼冲決非良善之人也。

大抵夫星要値健旺。已身須稟中和。

此數語最爲精要。夫星者、用神也。用神要得時秉令。喜用相生。中和者。不過於旺。亦不過於弱。以得中和爲貴。身強固非所宜。身弱又豈得爲良。可見世俗對於女命。專取身弱。乃因噎廢食也。

食神不可刑傷。子星要臨生地。

子星卽食神也。不可刑傷。卽上文獨者安和之意。最宜臨於長生之地。則有生生不息之意也。

印綬生身。一位則可。財神發福。多見無傷。

印綬生身。一位則合於中和。多見則過旺。財旺能暗生官星。故不嫌財多。若身弱財旺。不以此論。

身弱財強。不能發福。身強財弱。安得爲良。

承上文多見無傷意。用財必須身旺。方克負荷其財。若財多身弱。必爲懦弱無能之人。非克家之婦。財雖多。豈能發福。反之身強財弱。比刼重重。羣比爭財。又豈得爲良乎。可見日主必須中和。過旺過弱。皆非宜也。

傷官叠見。尅夫再嫁之人。梟印重逢。死別生離之婦。

用官星而重見傷官。必然尅夫。用食神而重逢梟印。必然尅子。

刑冲陽刃。惡無知識。破害金神。血光產難。

月令陽刃。身臨旺地。旺而精華無洩。必爲愚蠢之人。加以刑冲則惡矣。金神者、暗金的煞也。子午卯酉生人煞在巳。主刑獄之災。名呻吟煞。寅申巳亥生人煞在酉。主膿血之災。名破碎煞。辰戌丑未生人煞在丑。主喪服哭泣之事。名白衣煞。總名爲暗金的煞也。神煞起於數。四仲自子順行三十位而見巳。方爲正煞。如甲子逢癸巳是也。四孟自子順行二十二位而見乙酉。辰戌丑未自子順行二十六位而見己丑。乃爲正煞。餘皆非正。不可拘執。此煞入命。主夭喪刑傷。尅子惡死疾病之災。若有吉神相救入貴格。則無害。

四柱無夫星。不作偏房定爲續室。八字皆空陷。非爲寡鵠決是孤鸞。

夫星謂用神也。如拘執官爲夫星。則八字之無官者多矣。豈必定爲偏房續室。況偏房爲非正式之婚配。而續室在男為再娶。在女非再嫁。何異於元配正室。要未可拘執字義也。總之四柱雜亂。無用神可取。則其始終無可依託之人。其為非正式婚配可知也。空陷者空亡及存陷煞也。舉空陷以概其餘耳。用神落於空亡。雖吉不得其力。故決為孤鸞寡鵠之人也。

二　小兒章。

論財論煞論精神。四柱和平易養成。氣勢攸長無斲喪。關星雖有不傷身。

小兒之命。與成人之命。其理一也。豈有兩種看法。特在父母蔭庇之下。本身之命。未顯其用。每有貧寒之命。生於富貴之家。錦襁繡褓。享用太過。其福不足以當之。則必夭。富貴之命。生於貧寒之家。家世積德。過於鮮薄。其澤不足以留之。亦必夭。總之其命與其環境不相適合。易致夭折。故小孩之命。不易看也。因其不易看。於是另立簡單之法。所謂論財論煞是也。(卽煞關詳下)大抵小兒之命。不宜太旺。亦不宜太弱。太旺多災。太弱難養。以中和為貴。四柱和平。氣勢攸長。則易於長成。喜印綬以生之。忌見財破印。則少災星。正官七煞陽刃傷官。均不宜太旺。如見所忌之物。而又遇歲運助之。必起災殃。大忌財旺。若四柱財多非庶出。必螟蛉。財多損印。則剋父母。幼行財旺之運。亦然。財官清正。見於年月日主通根有氣。必生於富貴之家。偏官生於平常之家。傷官刼財生於貧賤之家。偏官偏印偏財。主生於繼室。或偏生庶出。蓋受蔭庇於繼母。理所然也。

舊說小兒之命。先看關煞。次看格局。關煞者、卽財煞也。以偏官爲關。偏財爲煞。在年時爲重。日月不論。水一、火二、木三、金四、土五。譬如甲日見庚金乃四歲九歲關。丙日見壬水爲一歲六歲關。戊日見甲木。爲三歲八歲關。庚日見丙火爲二歲七歲關。壬日見戊土爲五歲十歲關。陰干倣此推之。淺陋可哂。故云關星雖有不傷身也。

小兒未交入大運前。當推小運。現在普通均以時爲主。陽男陰女順行。陰男陽女逆行。詳子平眞詮評註。此說始於醉醒子。見三命通會。交入大運之後。卽棄置不談。未知所據。古人所謂小運者。男一歲起丙寅。二歲丁卯。女一歲壬申。二歲辛未。不論陰干陽干。均男順行女逆行。卽六壬奇門中之行年也。凡論運程。以大運小運流年太歲參合以決休咎。不限於小兒也。玆舉證於下。

宋曇瑩註珞琭子三命消息賦。占除望拜。甲午以四八爲期。口舌文書。己亥愼三十有二。王廷光註云。甲午四八爲期者。四八乃三十二歲。是年太歲乙丑。小運丁酉。金人見乙丑正印貴人。丁酉天官晴印也。己亥愼三十有二者。是年太歲庚午。小運丁酉。木至午死酉絕也。又煞會五期註云。譬如癸亥生、辛酉月、壬戌日、庚子時。四十歲。大運丁巳。小運乙巳。太歲壬寅云云。由是按之。一歲起丙寅。至丁酉爲三十二。至乙巳爲四十也。太歲、甲午生人。三十二歲爲乙丑。己亥生人。至三十二爲庚午。癸亥生人至四十爲壬寅也。可知古法大小運歲合參。小運非專用於小兒矣。

小運雖非專用於小兒。然在未交大運前。不妨以小運合流年太歲以決之。所重在流年。不在小運也。更有進者。大運者本氣推行之序。自月令流出者也。在未交大運前。卽以月令干支爲大運。亦古法也。曇瑩註消息賦云。譬如戊辰木人九月生。大運作五歲。起於壬戌。六歲交癸亥。十六歲交甲子。所謂起於壬戌者。卽九月月建也。可見未交大運以前。從一歲至五歲。卽以月建壬戌爲運程。以此與太歲合參。似較行年小運爲有根據矣。

男命行年表行年所到之宮也。卽小運。

丙寅一歲	丁卯二	戊辰三	己巳四	庚午五	辛未六
壬申七	癸酉八	甲戌九	乙亥十	丙子十一	丁丑十二
戊寅十三	己卯十四	庚辰十五	辛巳十六	壬午十七	癸未十八
甲申十九	乙酉廿	丙戌廿一	丁亥廿二	戊子廿三	己丑廿四
庚寅廿五	辛卯廿六	壬辰廿七	癸巳廿八	甲午廿九	乙未卅
丙申卅一	丁酉卅二	戊戌卅三	己亥卅四	庚子卅五	辛丑卅六
壬寅卅七	癸卯卅八	甲辰卅九	乙巳四十	丙午四一	丁未四二
戊申四三	己酉四四	庚戌四五	辛亥四六	壬子四七	癸丑四八

甲寅四九	乙卯五十	丙辰五一	丁巳五二	戊午五三	己未五四
庚申五五	辛酉五六	壬戌五七	癸亥五八	甲子五九	乙丑六十

女命行年表

壬申一	辛未二	庚午三	己巳四	戊辰五	丁卯六
丙寅七	乙丑八	甲子九	癸亥十	壬戌十一	辛酉十二
庚申十三	己未十四	戊午十五	丁巳十六	丙辰十七	乙卯十八
甲寅十九	癸丑廿	壬子廿一	辛亥廿二	庚戌廿三	己酉廿四
戊申廿五	丁未廿六	丙午廿七	乙巳廿八	甲辰廿九	癸卯卅
壬寅卅一	辛丑卅二	庚子卅三	己亥卅四	戊戌卅五	丁酉卅六
丙申卅七	乙未卅八	甲午卅九	癸巳四十	壬辰四一	辛卯四二
庚寅四三	己丑四四	戊子四五	丁亥四六	丙戌四七	乙酉四八
甲申四九	癸未五十	壬午五一	辛巳五二	庚辰五三	己卯五四
戊寅五五	丁丑五六	丙子五七	乙亥五八	甲戌五九	癸酉六十

初級命理用書 **子平眞詮評註** 出版 附命理入門 東海樂吾氏著

定價一元五角 特價一元

高級命理用書 **命理四種** 訂正滴天髓徵義 命理尋源 雜格一覽 曆算須知

定價有光紙二元四角 毛邊四元 照碼八折

命理參考用書 **滴天髓輯要** 出版 海昌陳之遴素庵著

定價三角 照碼八折

命理參考用書 **古今名人命鑑** 東海樂吾氏著

定價四角 照碼八折

總發行所 上海靜安寺路戈登路口慶福里九號 **乾乾書社**

代售處 **千頃堂書局**

外埠函購郵費加一

同行批發格外克己

子平一得

東海樂吾氏撰

論富命

富而可求。雖執鞭之士。我亦爲之。致富誠社會普徧心理也。但富命百不得一。有終身不能富者。有先貧後富、有先富後貧者。若始終富裕之命。社會上能有幾人。即如鄙人自造。即終身不能富。不會富者也。設勉強求之。必有非災橫禍。試申述其理。

丙戌　40 丙申
壬辰　50 丁酉
丙申
丙申

申辰會局而透壬水爲用神也。用煞必須食制。或用印化。無如日元不旺。忌食傷洩氣。是制之不能也。辰中乙木。餘氣微弱。是化之無力也。力不能制。德不能化。若見財星。則破印洩食。黨煞攻身。前行申運。已見一斑。所以航空獎券發行至今。從未購過一條。因自知無發財之命也。

然謂不發財卽是劣命。則又不然。友人許君。學問品行。爲衆所尊敬。一生事業。功在社會。然而不會發財。命使然也。

戊寅　35 戊辰　生冬至後兩日。水泛木浮。必用財損印。寒木向陽。更取
甲子　45 己巳　寅中丙火傷官生財爲用。無可致疑。戊巳兩運。財星主
乙亥　55 庚午　事。事業成功。有聲社會。然而羣刼爭財。何能致富耶。事
甲申　　　　　業愈大。虧空愈多。此一世不會發財者也。

更有奇者。如云其富。則貧病交迫。死無以殮。如云其貧。又財如流水。揮霍自豪。如敝鄉某君者。其造如下。

丙戌　7 丁酉　癸水生於七月。金水相生。身旺用才。才星並透通根。但
丙申　17 戊戌　水火相戰。無木通關。論其家世。出身華貴。親屬貴顯。仕
癸丑　27 己亥　途多奧援。歷當捐稅優差。計其所入。不下數十萬金。然
癸丑　　　　　從無一文之積。金錢到手。立刻揮霍以盡。決不留待明
日。所以差況雖優。常在窘鄉。交入亥運。水火相激。刑沖俱備。貧病交迫。
流年丁巳。合起金煞。觸電而死。

近來研究子平者甚多。但余有一言奉勸。生死貧賤。必須付之達觀。心胸不甚開展者。以不研究爲是。如略通粗淺皮毛。依然莫名其妙。研究較深。而觀自己命造。毫無希望。不急死。亦必成爲神經病者。友人某君。前車可鑒也。

間嘗研究富命有生成鉅富。始終保持者。有先貧後富。先富後貧者。分述於下。

丁丑　雖。非火長夏天金疊疊。而火鍊眞金。生成鉅富。無錫唐子培命造
己酉　也。妙在兩已透出。通火金之氣。上述許君造。雖交好運不會富。此
丙午　則雖交劣運不會貧。行比刼運。有傷官化之。反能生金。格局無破。
己丑　此爲難能可貴。較次者。如丁丑、丁未、丁酉、丁未。又如丁丑、己酉、辛丑、丁酉。雖不及上造。皆生成富格。

先貧後富者。格局極好。而早年不交運也。八字之中。年上必爲忌神。大概可知。如鉅商某某造。

癸酉　38己未　日祿歸時。財旺用刼。至己未、戊午、比刼運而致富。年逢
癸亥　48戊午　癸酉。傷官生才爲忌。可知其早年寒苦也。
戊子

丁巳

又如葉澄衷造。大致相同。葉生於道光庚子六月二十日子時。

庚子　27 丙戌　財旺用印。至印比之運而成鉅富。年逢庚子。食神生財。

癸未　37 丁亥　亦爲忌神。可知其早年困苦也。此兩造更有相同之點。

戊寅　則財有餘力。交入好運之後。不僅自己致富。且能澤及

壬子　旁人。隸其宇下者。因以致富。必有多人。廣廈千間。此爲

富格之鉅者也。

格局較小者。如安徽吳星垣君。

己巳　36 巳己　乙木生酉月、支全巳酉丑。而時逢申。乙木無根。理當從

癸酉　46 戊辰　煞。但癸水透出化煞生身。七月乙木。本以癸水爲恩物。

乙丑　56 丁卯　但格成從煞。反嫌癸水滋扶。雖有己土制之。其力不足。

甲申　前運南方。逆金旺氣。幾至破產。至戊運。合去癸水。重振

旗鼓。清還舊欠外。十年中致富三十萬。吳君經商之地。爲安徽鄉僻小

縣。有此成績。爲難能可貴也。至丁運丁卯年逝世。

至於先富後貧者多矣。近年最著名者。爲程霖生盧少棠鄔志豪三人程生。於光緒丙戌年四月十二日未時。

丙戌　47 戊戌　乙木生四月。丙火秉令。有太陽之照耀。更須有雨露之潤澤。乙木方得發榮故四月乙木。以癸水爲恩物也。亥未會局而丙癸並透。配合適宜。故生於富貴之家。然千萬之富。福命未足以當之也。交入戌運。合去癸水。一敗塗地。戌戌已須歷十五年之久。雖金穴銅山。亦將銷磨盡矣。

癸巳　67 己亥

乙亥

癸未

次者爲盧少棠造。盧生於同治戊辰六月十一日午時。

戊辰　43 甲子　此造普通視爲炎上格。非也。戊辰己未如易以甲辰乙未則炎上矣。四火四土。只能作火炎土燥看。用神多者宜洩不宜尅。最宜金神洩土之氣。見水亦可以潤土之燥。如爲炎上格。水激火燄。癸亥運。烏能安渡耶。滴天髓云。寒暖燥溼。人道得之。不可偏也。此造兩神成象。局勢極清。惟嫌火土偏燥。不得全美。甲子乙丑北方運。潤土之燥。商界爭雄。尤以乙丑十年

己未　53 乙丑

丁巳　63 丙寅

丙午。

暗金滏士爲有情。交入丙寅。正恐旺極難繼耳。（詳補註引其性情節）

鄔志豪造生於光緒甲申年正月初八日申時。爲甲申、丙寅、甲申、壬申。查是日申正三刻二分。方始立春。距酉時僅十三分。鄔如生於申時。未必適在此十三分鐘內。若生於三刻二分前。當作癸未、乙丑、甲申、壬申、推算。此兩造均不類。恐傳聞之誤也。

以上四類。（一）不會富。（二）生成富。（三）先貧後富。（四）先富後貧。莫非命也。發財爲社會普徧的心理。而富造如是之難得。故孔子曰。如不可求。從我所好。與其因財而招非殃。何如安貧之爲得。先富後貧。其精神上之痛苦。當更甚於不富。黃粱夢醒。四大皆空。生不帶來。死不帶去。徒留話柄。供後人之談助而已。亦可以休矣。

再論富命

昔人論命。以清爲貴。以濁爲富。此言未確。乃重士輕商之積習也。八字好壞。全在有力無力。有情無情。喜用得時得地。配合有情。自有一種精神。是謂之清。反之偏枯濁亂。不能取貴。焉能致富。因貴而致富者以貴論。因富而致貴者。亦以貴論。富貴兩字。混合者多。單純者少。然有一類八字。可決定其富而不貴。或貴而不富者。此如貴之中。間有可決定其爲文貴武貴。非八字之中。皆可分別也。滴天髓云。何知其人貴。官星有理會。何知其人富。財氣通門戶。貴者非必用官。而官星有理會者無不貴。富者非必用財。而財氣通門戶者無不富。此則可決定者也。人命富貴混合者。其中亦有乘除消長。有因貴而減其富。有因富而減其貴。福祿有定也。然亦有可確定其貴而不富者。如下

壬午　24　乙巳
壬寅　34　丙午
壬辰
癸卯

此蔡將軍鍔命造。寅卯辰氣聚東方。水木傷官喜見才也。無如壬癸蓋頭。才星能行於支而不能行於干。干見財星。必啓比刼之爭。水木清華。氣勢純粹。故必貴。不能見財星。則不能致富矣。乙巳運起自田間。一躍而爲都督。至丙運丙辰年逝世。然富而不貴。正可以見其人品之高。識見之卓。命不富而勉强求之。徒留惡名。有何益乎。

妻財子祿

妻財子祿。論命之要。祿、官也。官爲子。財爲妻。故云妻財子祿。其實非可拘執也。

窮通寶鑑論妻子。以用神爲子。生我用神爲妻。其法至活。如以食傷爲用者。卽以食傷爲子、比劫爲妻。才爲用者。以才爲子、食傷爲妻。印爲用者。印爲子、官煞爲妻。言妻財子祿者。乃是以官爲用神之法。非可以概其餘也。古人論命。專重財官。故僅言用官之法。而不言其餘。又有云。身旺財爲子。身衰印作兒。此亦指身旺用財。身弱用印而言。古人祕訣每不肯明言其理。待人自悟。寶鑑斯法。亦未明言。然因不明言之故。後人索解不得。而生誤會。以子平眞詮之說理精闢。任註滴天髓徵義之推闡精詳。亦未能免俗。可見研究之難矣。因研究之難。所以無百尺竿頭更進一步之發明。此皆過於矜祕之誤也。

以用神爲子。則用神之賓主。必當認清。眞詮云。用神有順用有逆用。若不分別清楚。則妻子之爲助爲累。何從辨別。如鄙人自造。

丙戌　申辰會局而透壬水。是七煞爲用神也。壬爲子。金爲妻。然八字之
壬辰　中。忌才生七煞。煞旺尅身。故妻子皆不得力。時逢壬水長生。故兩
丙申　子兩女。（長生四子中旬半）日元坐財。身弱反尅。又坐兩申。故
丙申　兩妻之命。三丙並透。比爲兄。刼爲弟。今兄弟三人。序居最幼。通根

於戌。得祖蔭。莫非命也。

癸未　此爲予叔兄之造。火土炎燥。必須以水潤澤。官煞雖混雜。實爲調
壬戌　和所必需。水爲子。金爲妻。時逢申金。妻賢子肖。
丁未
戊申

壬午　月令財星秉令。以才爲用神也。才爲子。食神爲妻。丁火透露。土燥
庚戌　木枯。必須用壬水制火潤土。方能生木。庚金官星。亦賴水潤土方
乙未　能生金也。火土皆爲忌神。時逢土旺。子四人。長次兩子傾其家。丁
丁丑　火入墓。妻宮無助。年上壬水正印。極得母氏蔭庇之厚。此爲予族
　人之造。知之有素者也。

丁亥　土旺以食神洩秀爲用。食神爲子。比劫爲妻也。戊巳重重。不宜再
己酉　旺。內助缺乏。酉金不透。更有丁火制之。不能食子之力。此亦予族
己卯　人之造也。

戊辰　
丙子　才多身弱。如無巳土。則爲從才格。豈不甚善。有巳土爲根。則不能
己亥　從。以木爲子。水爲妻。水木皆爲所忌。受妻子淩逼。憤恨自盡。以上
辛卯　數造。皆親族中人。知之有素者也。
甲寅。

凡看子息。至多五人。再多爲命理書中所不載。且子女一也。所以子息僅能看其有無多寡。於我有無助力。（賢不肖爲另一問題）此與看弟兄相同。多至三人而止。且命造中有顯著。有不顯著。利害密切。進退相同者。顯而易見。否則。無從看起。蓋接間的推測。難以準確。且命造僅憑八個字。範圍狹小。不能一一顯示於其中也。現代聞人中多子女者。莫如王曉籟君。其造如下。

丙戌　丑中辛金透出。以辛金爲用神也。辛金旺於申。應作三子至五子
辛丑　推算。爲最多之地。所謂冠帶臨冠三子位。旺中五子自成行是也。
壬午　然而王君子女多至三十餘人。將從何說起。

戊申

看子息法。除地位外。生尅亦宜兼看。更錄二造於後。

戊戌　辛金眞神透出。自當以傷官爲子也。時逢辰爲養位。然丙爲梟印。
辛酉　丙辰合於辛酉。辰爲溼土。晦火生金。故多子女。現巳有子女十三
戊戌　人。
丙辰

丁丑　丑酉相合。以才爲子也。時未爲冠帶之地。但丁未火土。不能生金。
丁未　反有鎔金之患。子女極少。僅一子。養於外室。
丁酉
丁未

女造以用爲子。生我用神爲夫。間當細按之。亦未能盡合。總之六親乃間接的推測。本不能十分準確。非參以喜用宜忌生尅制化不可。若刻舟求劍。決無是處也。

再論妻子

古法看妻子。專看合神。配耦爲妻。故從所合之干看妻。合神只論陽干。不論陰干。陰干從陽干而取。故甲己相合。甲木以己土爲妻。乙亦以己土爲妻。丙辛相合。丙火以辛金爲妻。丁火亦以辛金爲妻。戊癸相合。戊土以癸水爲妻。己土亦以癸水爲妻。乙庚相合。庚金以乙木爲妻。辛金亦以乙木爲妻。丁壬相合。壬水以丁火爲妻。癸水亦以丁火爲妻。陽干相合者爲財。故從財看妻。妻所生者爲子。才生官。故從官看子。亦只論五陽。不論五陰。子平眞詮論妻子節云。長生沐浴之歌。長生論法。用陽不用陰。甲乙只用庚金長生。從巳酉丑順數之局。而不用辛金逆數之子申辰。木爲日主。不問甲乙。總以庚爲男。辛爲女。（參閱子平眞詮評註）論妻論子。其理一貫。蓋生旺死絕。只論五行。不分十干。陽極陰生。非眞長生也。後人種種誤會。皆由陰長生而起。（如祿刃皆是。另節論之）以致才爲妻官爲子之法。亦無所適從。此由未究原理故也。

論神煞

古代論命。以年爲主。故神煞皆從年取。自五星遞衍蛻嬗而爲子平。改爲以日爲主。神煞之取法迄無定論。子平之法。雖始於宋。至有明末葉。始爲世重。以五行生尅爲主。神煞之應用。實爲問題。如滴天髓窮通寶鑑兩書。皆爲明代著述。專論生尅。不談神煞。其明證也。兹將尋常所用者。略述如下。

（二） 驛馬

驛馬之原。從數而起。其數爲子午九。丑未八。寅申七。卯酉六。辰戌五。巳亥四。納音等法。皆以此數爲根據。寅午戌合數二十一。從子順數至申。爲二十一。故以申爲馬。亥卯未合數十八。從子順行至巳爲十八。故以巳爲馬。木火、陽局也。從子順行。金水、陰局也。從午逆行。申子辰合二十一。從午逆數二十一爲寅。以寅爲馬。巳酉丑合十八。從午逆數十八爲亥。故以亥爲馬。此法之所由立也。

古代言命。不離財官祿馬。而馬更爲行藏出處、窮通得失所繫。故有種種名目。種種分別。三命通會所列。已有數十種之多。更有馬前馬後馬頭馬尾之別。名目繁多。不勝備舉。究之此種看法。是否能應用之於子平。實爲一問題。竊謂古代論斷。財官爲主。以三合局取之。申子辰馬在寅。巳酉丑馬在亥。馬卽財也。寅午戌馬在申。亥卯未馬在巳。馬卽官也。驛馬者、財官之逢冲動也。故以傷官爲背祿。比刼爲逐馬。馬與才官。二而一者也。

驛馬之取法。釋曇瑩註珞琭子三命賦有云。甲子生人馬在寅。乃當生之死驛。逆下至寅爲丙寅。以丙爲活馬云云。雖爲活法。仍從年取。近見北平張雲溪所著命數叢談。甲乙日干用巳。丙戊丁己日干用申。庚辛日干用亥。壬癸日干用寅。其言頗有見地。合於馬卽財官之意義。竊謂驛馬既以三合爲原起。則四柱無三合者可置不論。若有三合。氣勢偏重。卽可從所合之局取之。不必問其爲年爲月也。舉例如下。

癸巳　　6 己未
戊午　　16 庚申
丙戌　　26 辛酉
壬辰　　35 壬戌

此女造也。午戌會局。氣勢在火。以申爲驛馬。幼年貧困。至申運得大力者提攜。夫婦兩人出洋留學。乘長風破萬里浪。豈非馬奔財鄉之效歟。

丙戌
壬辰

此鄙人自造。申辰會局透壬。氣勢在水。以寅爲馬。無如運程無寅。流年[illegible]寅。至日本觀光。回國後任職浙[illegible]府。總計一生。其時最爲

心一堂術數古籍珍本叢刊　星命類

丙申• 順適。則寅爲良驥可知也。如從年取。以申爲馬。前行申運。有失敗
丙申 而無出門機緣。是申爲劣馬也。
辛卯 19 癸已 卯未會局透乙木。氣勢在木。以己爲馬。見酉會局。馬有
乙未 覊絆。未能馳騁。驛馬帶韁。此之謂乎。
辛酉
庚寅

甲生人遇丙爲活馬。遇戌爲活祿。寅爲死馬死祿。驛馬見前活祿者。謂甲年生人。遁干至戌爲甲戌。故以戌爲活祿。並以戌爲祿堂也。見彙瑩註。天德在申。不見甲而見寅。月德在丙。不見丙而見巳。爲暗藏天月德。見命理輯要。因論驛馬。並附誌之。

(二) 三奇。天乙。天月德。咸池。空亡。十惡大敗。

神煞之用。可信而不可信。五星重神煞。子平則重在生尅也。原局配合適宜。吉星助之。自更增吉。否則。神煞退處於無權。所謂錦上添花。逢凶有解是也。吉之

爲吉。如是爾爾。則兇之爲兇。亦可知矣。神煞中最吉者。莫過於三奇、天乙貴人、天月德、諸神。舉例如下。

戊寅　1 辛酉　41 乙丑
庚申　11 壬戌　51 丙寅
己丑　21 癸亥
甲子　31 甲子

甲戊庚三奇。見丑爲得貴。申月爲得垣。己丑見甲子。爲本家貴人。天地德合。日時交互得貴。甲子爲貴人頭上帶官星。門充駟馬。月申時子。陰貴陽貴俱得氣。七月癸爲天德。壬爲月德。暗藏於申子之中。尤奇者天干四字。無一不通根。無一不得貴吉神薈聚。無以加矣。然而並不見如何得意。官不過中等。（北洋政府時代財部參事會計司長）筆墨生涯。書生本色。若以生尅論之。傷官見官。用財爲解。滴天髓所謂水犇而性柔者。全金木之神是也。用官而透傷。雖云有解。究嫌有病。尤嫌子丑一合。財星化刼。不能盡其量。官不過中等。有由來也。（參閱滴天髓補註）最得意時代。爲亥甲子十五年。水木之地。乙丑之後。傷官肆逞。抑鬱無聊。人以丙寅運去傷扶官。晚景黃華。爲一生最得意之秋。不知丙寅木火。並不見美。寅運中妻子並喪。形影孤單。落伍人物。無再起之可能也。

復次此造爲官傷相礙用才。與傷官用官有別。細按之自知。

三奇之名。出於奇門。以乙丙丁爲三奇。戊己庚辛壬癸爲六儀。藏甲。故名遁甲。演至命理。以乙丙丁配日月星爲天奇。而以甲戊庚同貴於丑未爲地奇。至壬癸辛之爲人奇。不知其何所根據矣。神煞之最凶者。莫如十惡大敗、咸池、空亡、等煞。

庚辰　19辛巳　此黃郛命造。丙申爲十惡大敗日。甲午旬。辰巳空亡。則
己卯　29壬午　年本落空。如以年爲主。則甲戌旬中日主申落空。申戌
丙申　39癸未　夾拱之酉貴。亦落空亡。亦可謂凶煞加臨矣。然而黃總
戊戌　49甲申　理內閣某一時期。舉足繫全國之重。大貴特貴。非尋常之貴也。

復次此兩造用神皆不易取。尤以戊寅造爲難。甲己相合。互換得貴。決不能去官星不用也。庚金透自月垣。生於白露節前數時。正庚金用事之秋。亦決不能置庚金不用也。二者不可得兼。金木無並用之法。此造擱置案頭。經數年之久。不能解決。因滴天髓全金木之神句。忽有所悟。當以才星解官傷之爭爲用。宜

水木不宜木火。覆按前運。纖屑皆合。可知凡命運不驗者。皆由取用未準也。用神有顯有晦。有一望而知。有如是之難者。然今人談命每喜面譚。匆匆排好立決是非。欲求其準確。豈可得乎。即一望而知之造。其中吉凶休咎徵驗若何。亦非倉卒之間所能斷也。

論衆寡

四柱氣勢偏旺一方者。以順其旺勢爲用。如有一二點逆旺氣之神。必以去之爲美。此逆氣勢者在日干。即是從格。在年月時干。則爲强衆敵寡。勢在去其寡。其理一貫相通也。但所謂去之者。必須原局有去之之神。方能去之。或尅或洩是也。若無尅洩。則雖欲去之而不能。此與從煞格須官煞透。從財格須食傷透。亦一理相通也。如

癸丑　此南通張季直造。癸水見戊。尅而去之。從火土旺勢爲用。
戊午
己巳
丁卯

癸巳　此朱家驊造。癸水無傷。天干無尅洩之神。不能去之。既不能去。則
丁巳　惟有用之耳。
丁卯
丙午

如明思宗崇禎帝命造。

辛亥　1己丑　地支亥卯未全。而生寅月。曲直仁壽格成也。而透庚辛
庚寅　11戊子　破格。天干無火。不能去之。既不能去。則惟有用庚辛。以
乙未　21丁亥　亥中壬印化煞爲用。至丙運傷用。甲申年殉國。
己卯　31丙戌

此理至顯。如滴天髓任註所引兩造。(一)　戊辰　乙丑　戊戌　辛酉　土金傷官而透乙木官星爲病。喜辛金透。尅乙而去之爲藥也。(二)　戊午　壬戌　丁卯　癸卯　火土傷官。而見壬癸官煞爲病。得戊土透。尅而去之爲藥也。(滴天髓徵義強衆敵寡節)若干無尅神。而得洩其氣勢者。其效用亦同。如

丁巳　癸水之氣。洩於卯木。從木火旺勢取用。此遜清戚揚知府造。
丁未
丁卯
癸卯

丙子　壬水之氣。洩於寅木。子被午冲。則亦能去寡而成木火通明。
甲午　以上兩造。乃三神成象也。
丁卯
壬寅

上張南通造。戊癸一合。變其格局。亦有不變格局者。如下。

癸巳　此舒舍予君命造。乙木生於五月。木火傷官格局。不能缺癸水印
戊午　綬。調和氣候。潤土生木。戊癸一合。去其喜神。依然木火傷官。唯氣
乙巳　勢偏枯。不能取貴耳。
己卯

癸未　23　壬子　此民初浙江省長屈映光命造。丁火生於二月。卯未會
乙卯　33　辛亥　局而透乙。癸煞之氣。全洩於印。祗能順其氣勢爲用。癸
丁巳　43　庚戌　水無能爲力、然而子辛兩運中、貴爲省長者。何也。流年
甲辰　　　　　　適逢甲寅、乙卯、丙辰、丁巳、戊午、己未。水木火土。順其氣

勢也。庚申年後。交入亥運。屢圖掙扎。不能復起。所以察已往之運。而不細按流年。每易誤認用神。若再曲爲解說。鮮有不入岐途者也。

去寡之理。干動而支靜。干遇尅而去。支神必須逢冲方能去之。如某君命造。

辛未　36　庚寅　火土傷官而丙臨申位。傷官雖喜見才。而丙火氣勢嫌
甲午　　　　　　其不足。雖有午火。不能尅去申金。蓋支神靜而專。各守
丙申　　　　　　範圍。不遇冲動。不能去之。不比天干露而動。易被尅去
戊戌　　　　　　也。至寅運。寅午戌三合會齊。火動而強。申金被冲尅而

去之。此所謂旺者冲衰衰者拔也。

因強衆敵寡能去不能去之理。而悟從格能從不能從之分別。其理一也。若從

煞格而不透煞。從才格而不透食傷。或更見印綬相生。不論陰干陽干。皆不易言從。如許世英造。

癸酉　己酉丑三合而透辛金。乙木無根。何以不從。正以其癸水透干之
辛酉　故也。金雖旺而有癸洩其氣。木無根而有印綬生之。所以不能從
乙丑　也。金水木火相生。四神成象。行木火運而貴。
辛巳

又如虞洽卿造。

丁卯　庚金臨於敗地。丙丁並透。何以不從。則以己土透出。無根而有生
丙午　意也。木火土金四象。以土金爲喜。
庚午
己卯

反之如施再邨造。

戊辰　壬水雖臨病地。通根辰庫。較虞造爲有根矣。然而甲戊並透。尅洩
甲寅　交集。不能不棄命而從財。不問其爲陽干陰干也。

壬戌
丙午

又如伍庭芳造。

壬寅
丁未
己卯
乙亥

己土雖通根月令。天干丁火相生。而丁被壬合去。己土有乙木尅之。亦不得不棄命而從煞也。

此理似未經人道。較之陰干易從。陽干難從。陰干見勢旺則從。陽干須本身氣絕。方能言從。似乎易於辨別。姑誌於此。以待命造之證明。

論金水傷官

金水傷官。生於冬令。喜見官煞。木火傷官。生於夏令。喜見印綬。此定律也。然有例外者。金水喜官。不可官傷並透。木火喜印。不可才印並透。蓋用在官印。不可見損用之神。並透則相礙。相礙則喜用混雜不清。非吉朕也。傷官透干而官煞藏支。或官透傷藏。則為吉。傷官格聰明俊秀。而金水傷官尤多為文人學士。舉例如下。

壬辰　王湘綺造。壬癸透而丁火藏。官傷不相礙。而午又爲天乙。宜乎名
癸丑　重一時矣。
辛丑
甲午

癸丑　嚴幾道造。亦爲金水傷官。而丙火藏寅。兩不相礙。名振海內。惜貴
乙丑　在丑而不在寅。富貴較遜。
庚辰
戊寅

金水傷官而官傷並透則相礙。

癸巳　6　丙寅　此女造也。金水傷官而癸丙並透。調候爲急。必須用丙。
乙丑　16　丁卯　癸水爲病。丙火夫星也。丙寅丁卯運。用神得地。而病神
庚申　26　戊辰　不去。秀氣發越。閨秀斐聲。戊辰己運。尅去病神。夫妻和

丙戌　36　己巳

諧。而秀氣盡斂。至己運。丙火得祿。乙亥年尅夫。蓋三刑怕冲。巳申相刑。巳亥又冲。生方怕動。非虛語也。

木火傷官用印。而印傷並透。爲害較輕。忌才印並透。蓋金水傷官。喜神在官。木火傷官。喜神在印。傷喜神甚於傷用神。不僅金水木火如此。凡傷官格。皆可以此意消息之。

論陽刃

陽刃有三。劫才、護祿、背祿、是也。背祿卽傷官。祿爲官。背官星而行。傷害官星。故云背祿。護祿者。卽刼才也。甲祿在寅。見申破祿。得卯暗合申金。不傷祿地。故云護祿。三者之中。以劫才陽刃爲主。亦爲最凶。刃卽刼也。祿前一位。是甲見乙爲刼才。見卯名之爲刃。刃者。刼之半邊字。亦如偏印之寫作卩。傷官之寫作亻也。惟陽干有之。故名陽刃。如甲見卯。丙見午、庚見酉、壬見子、是也。因時令之序。而旺逾其度。又向旺而行。較之干見刼才。其力倍强。故以半邊字別之。乙見寅。丁見巳。辛見申。癸見亥。背旺而行。不以刃論。更有以辰戌丑未爲陰刃者。此則誤解祿前一位之義。地處衰位。氣勢已衰。更不足辯。十干爲五行之代名詞。分別陰陽。故有十干。論其實際。只有五行。五行僅有四長生。四祿位。亦僅四刃而已。戊日午月。勿作刃看。因土居中央。寄於四隅。故僅作印論。不作刃看也。陰刃僅一。已見已未是。已祿在午。至未月。祿前一位。土旺用事。旺逾其度。有刃之義。姑名之曰陰刃。因義立名。非五行皆有陰刃也。

十干爲五行之代名詞。五行卽春夏秋冬四時之氣之代名詞。毋旺子生。正月木氣當旺。火之氣自生。七月金氣當旺。水之氣自生。至八月。夏季初過。漸向寒冬。焉能生火。二月冬季初過。漸交炎夏。焉能生水。陰長生之說。不問而知其謬。刃之名。從生旺死絕之序而來。既無陰長生。自無陰刃。所謂陰長生者。乃天道循環。陽極陰生。七日來復之義。後人拘執。不知通變。此種種謬說所由起也。

論福命

凡人命運。各有其應得之福命。貧富應至何等程度。貴賤應至何種階級。滴天髓論出身地位兩節是也。雖不能確定其等級。而上中下大致可睹。然看命論吉凶易。論福命難。清濁配合之間。經驗既多。自有一種心領神會。非可以言語文字形容也。加以叔季之世。政治失其常軌。時會所趨。羣衆擁戴。遽躋高位。論其福命。實不足以當之。得之易者失之亦易。譬如貧兒暴富。忽得頭獎。紈袴之子。突受遺產。輕船重載。非傾覆不止。其興也暴。其亡也忽。驟起驟落。如曇花之一現者。率此類也。凡人生所處地位。超過於其福命所應得。雖順運猶虞傾覆。未到其福命應有之地位。雖逆運亦有進步。艱難困苦。卒底於成是也。嘗看名人命造。少歷艱苦。不致於死。迨名高位顯。小小逆運。遽喪其生。三命通會口訣云。行不好運。日干傷歲君干頭。禍重。已發過則死。所謂已發過者。即其所處地位。已到其福命所應有。如花已開足。不經風雨矣。

談命運者不廢人事。特福命所應有。則左右逢源。水到渠成。機緣湊合。結果圓滿。非其福命所應有。則步步荊棘。事倍功半。勉強進行。結果不能圓滿。此君子所以不爲出位之思。不求非份之得。盡人事以待天命也。若謂福命有定。即束手以待斃。是則因噎廢食矣。

十干性情

十干性情。陰陽迥殊。滴天髓言其理。而不言其用。窮通寶鑑。言其用而不言理。理固難解。用亦非體會經驗。不能領悟。然格局之高下。富貴之等級。胥在於此。

茲以研究所及。錄之如右。雖零星片段。亦敝帚自珍也。

甲木生於寅月。忌見庚辛。喜用丙火。庚金生於申月。喜用丁火。忌見壬水。同一月令建祿。一則喜洩不喜尅。一則喜尅不喜洩。春木用金。秋金用水。決非上格。金木之性情殊也。

丙丁同一火也。解寒調候。宜用丙火。尅洩煅冶。宜用丁火。正月甲木之喜丙火。乃用以解寒。藉成反生之功。非取其洩。若木在二月。卽宜丁火。所謂木火通明是也。

木生於冬。水凍木枯。寒木向陽。一丙透出。有寒谷回春之象。若見丁火。如溫室培養。力量微薄。丁火通根而重。尚可勉强爲用。若根輕。效力等於零。此丙丁性質之殊也。

木生於春。怕見庚辛。生於三秋。外象凋殘。生氣內斂。不怕尅制。枯枝落葉。反喜金氣肅殺。故乙木秋生。辛金透出。丁火制之。上上之格。甲木庚金丙火次之。一爲木金火之質。一爲木金火之氣。質由氣生。而在三秋萬物成功之時。氣收斂而化質。氣之力量薄弱。八字以純爲貴。乙辛丁之質。不宜雜以甲庚丙之氣也。

水火必須相濟。故丙火不離壬水。壬水不離丙火。丙火日元。不見壬水。或壬水日元。不見丙火。均非上格。不能取貴也。水火對峙。丙火日元。取印爲調和之神。壬水日元。取食神爲調和之神。則旣濟功成。無有不貴。

丙火不畏壬水而忌癸水。壬如長江大河。氣勢奔放。日照江湖。光輝培增。癸爲雨露之水。浮雲蔽空。日色無光。丙癸有並用者。如木生於夏。須丙癸並見。但以兩相間隔。各得其用。方爲上格。

官煞有可混不可混之理。詳見滴天髓補註。然有喜其混。必須並見方能取貴者。如庚金生八月是也。八月秋氣漸深。寒威日增。非用丙火。不能解寒肅之氣。庚臨於酉月垣陽刃。金氣剛銳。非丁火煅煉。不能成劍戟之功。故丙丁必須並用。陽刃架煞。大貴之格。若單見丙火。或單見丁火。雖貴不鉅也。

水生於春夏。非金發其源。不能取貴。金生於春夏。非水淘洗。亦不能取貴。其實春夏之金。不能缺印。而燥土不能生金。用水以成反生之功。非專取其洩也。書云金見水以流通。又云强金得水。方挫其鋒。原非虛語。

春夏辛金。切忌木火。不論强弱。皆取水淘洗。若多木火。金必煅熔。非吉朕也。

丁火不離甲木。甲木不離庚金。故滴天髓云。如有嫡母。可秋可冬。窮通寶鑑云。庚金劈甲引丁。無甲木則丁火無所附麗。無庚金則甲木不能充分發揮其力量。凡丁火日元。無甲不貴、無庚金則貴不足。才印並用。此五行理外之理也。七八月庚金。不宜壬癸。前已言之、而七八月辛金。最宜壬水洩之。爲金水傷官。氣清而秀。但不宜癸水。金多水濁者、癸水也。蓋金生水者。洩金之氣。輕清爲美。癸爲雨露之水。秋冬寒凍。化爲霜雪。反嫌過於寒冷。非取丙丁官煞解寒不可。此爲譬喩之詞。其理甚難加以說明也。再者所言宜忌。乃論格局之高低。若喜壬水、而無壬見丁。當然以丁爲用。宜丁、而原局無丁。柱見壬癸。當然以壬癸爲用。特格局非上上耳。非不可用也。

任託看命捷訣。闡明用神不可傷。不用儘可傷之理。簡單扼要。確是提綱挈領之法。茲再續之。

相爭之局。調和爲貴。陽刃架煞。宜用印綬。刃與財遇。宜見食傷。官傷相見。用才解爭。才印交差。官煞謁停。梟印奪食。比刦可解。不論旺衰。不論强弱。格有高下。用神無差。

論六神

六神之用。關係至鉅。我人畢生之遭際遇合。悉在其中。而書中以官爲管束我之官。以煞爲盜爲鬼。取譬之詞。義亦近似。特似是而非。意有未達。喻詞俚俗。儒者不道。間嘗冥思體會。一知半解。試略言之。

六神之名。始於京房。命意至深。人生環境。不外乎君臣，父子、夫婦、兄弟、朋友。命造之中。以日干爲已身。其餘七字。皆環境之人也。君臣者。主從也。非必君主時代。出仕於朝。方有君臣。凡我所事之人。受其管束指揮者。皆我之君也。一店之中。經理爲君。夥友爲臣。一機關之中。主任爲君。餘皆爲臣。君臣對待之詞。彼爲君。則我爲臣。故國體雖有變更。君臣之義不廢。茲分述如下。

一官煞。　正官、七煞。皆我之君也。而用不同。正官雖爲尅我之神。而陰陽之氣相配合。故以正官爲用者。其人在社會中。對於所事之君。氣誼相投。志同道合。深得君之信任。故官星宜有財生。所事之君。飛皇騰達。我亦得攀龍附鳳。地位權利隨之增進矣官星宜得時得地。得時者。月令旺氣。得地者。運行官星旺地。所事之君當權得位。我旣得其信任。自得展我懷抱。否則。所事之君雖信任於我。而君之自身。失位落伍。無能爲力。此用官之義也。
古人論命。財官爲重。斯何以故。專制時代。非得君而事。卽使才學蓋世。無從表見。良禽擇木。賢人擇主。君臣魚水。非用才官決無此際遇。故以才官爲重也。
七煞雖亦爲我之君。而氣誼不投。心不和洽。故用煞之法。必須食制。或印化制與化不兼用。制者所事之君。雖與我不洽。而我自有相當之地位資格。彼無如我何。我更有極親密之人。其力足以制彼。非但不能搖撼我地位。反須借重於我。方能相得益彰。故身強煞旺而有制。最爲上格。此用食制煞之義也。化者所事之君雖與我不洽。而有蔭庇我之人。疏通調和其間。我之地位。因之得以穩固。此用印化煞之義也。
凡用印化煞。用食制煞。皆忌見才。印化見才。如蔭庇我之人。爲人所害。退休去位。而與我不洽之君。有人援助。地位增高。權勢愈重。我焉能安於其位乎。食制見才。如我心腹之人。力足以制彼者。受金錢運動而倒戈助敵。我豈能不受其害乎。此用煞忌才之義也。
官煞混雜者。如董事會中與我之交誼。有洽有不洽。若能去一用一。則其力專。

最爲上策。否則。須有蔭庇我之人。暗中調停其間。我之地位方安。宜多從煞者。所事之君太多。意見不一。亦須有蔭庇我者。調停其間。故皆以印化爲必要之用法也。

（二）正偏印。　生我者爲印。故印爲父母。其實環境中。力能蔭庇我者。皆其類也。取印爲用者。其一生處境。自有人代爲籌謀設法。雖格局高低不等。勞逸殊途。而我之前程位置。自有關切之人。替我設計。而我托庇其宇下。不勞自己奮鬥。故命造之中。以用印者最舒適。與在父母蔭庇之下。一切自有父母代爲策劃。不必自己勞心者同。此用印之義也。日元皆宜生旺。獨有用印者。宜身弱。蓋日元旺。則本身自有主見。何勞他人代謀乎。

（三）正偏財。　財爲妻妾。凡我所享受所處分者。皆其類也。侍奉於我。聽命於我。皆爲享受一類。故以財爲用者。其地位類能處分指揮一切。故爲富豪鉅商之類。（才旺生官者別論。）身旺用財。行財旺運。不勞而獲。享用現成。身弱用財。行身旺運。以身發財。得之勞苦。享受雖一。勞逸迥殊。用才必須身旺。精神健全。乃能處分其財。享用其財。財多身弱。不克負荷。稱爲富屋貧人。力薄不能任重。雖有如無。反因財致禍。或因妻妾致禍是也。兼用財者。大抵與財有關。如納粟輸財之類。其一生際遇風雲。不離財之範圍也。正財爲妻。偏財爲父。正財爲妻者。匹配之義也。甲以己土爲正財。甲己合也。丙以辛金爲正財。丙辛合也。偏財爲父者。正印之配也。甲以癸水爲正印。甲戊土爲偏財。戊土爲癸水之夫也。丙以乙木爲正印。庚金爲偏財。庚金爲乙木之夫也。陰干從陽干取。子平眞詮論妻子。長生沐浴之歌。用陽不用陰。(詳子平眞詮評註)凡論六親皆同。以意義推之。妻妾爲奉我者。而畢生勞力所積。終歸兒孫享受。不論智愚賢不肖皆然。偏財爲父。奉養其子。亦自然之趨勢乎。

(四)食神傷官。　食傷爲子。我所生也。凡爲我所提攜蔭庇者。皆其類。五行之中。皆以陰陽相配爲和協。獨有所生。以同性爲和協。女子親其母。男子親其父。亦自然之理也。食傷爲精華發洩。身旺用食傷。性必聰明。身弱而洩氣太過。性反愚魯。現在時代。科學之多。人事之繁。非絕頂聰明。何能應付裕如。故食傷格。在現在時代。爲最得時。食傷爲我所蔭庇之人。其用亦有別。用食神者。我屬下之人。心悅誠服。同心合德而聽我之指揮。如臂使指。一氣相連。用傷官者下之人。雖不能不聽我號令。而非心悅誠服者。身強用傷。則畏威懷德。身弱用傷。則太阿倒持。故用食神者日元不強。尙無大害。若用傷官。則非身強不可。此用食傷之別也。

(五)比劫，同氣爲比刼。不特弟兄。凡朋友親戚。寅僚同事之人。皆昆季類也。利害相同。必起爭端。故用比刼不可見財。用財不可見比劫。月令建祿。難招祖業。刼刃坐祿。富不可求。然此係指刦刃爲用而言。若非爲用。不以此論。不可以見刼刃建祿。卽以不富論也。

以上官煞、印、才、食傷、比刼。並自己本身爲六親。人生處世。不離環境。由環境而發展。非取譬之詞也。用神所在。畢生情況。自然與之相合。有不期然而然者。如曾文正造。煞化爲印。知遇恩深。敵皆感化。曾國荃命造。才官格。畢生在乃兄麾下。魚水莫逆。左宗棠氏造。煞刃用印。才具學識。人思借重。非不忌之。無如之何。有印通煞刃之氣。自有人爲之彌縫道地。用才者如葉澄衷等創建事業。處分其財。至於食神傷官之名山事業。著述傳世。更不勝例舉矣。此爲人生之際遇。事業之基本。吉凶休咎。胥由此出。不可不注意也。特人生每不滿於環境。主觀太直。知見每不能正確。設能平心靜氣。置身局外。以體會之。自覺處處相合。更有進者。命造之中。用神雖一。而輔佐加減。參互錯綜。情形複雜。無一相同。特不同之中自有相同之點耳。

論命運

命運兩字。非易言也。人生吉凶順逆。從比較而來。無一定之標準。語云有病方知健是仙。當其無病之時。焉知康健之爲福。此其難言者一。格局有高低。地位有上下。小小之功名富貴。在上等格局。或不必於順運中方能得之。前程遠大。區區者卑無足道。而在下等格局。或已視爲畢生莫大之幸運。貧人視數十百元爲大財。富人不足一餐之費。此其難言者二。得馬安知非禍。失馬安知非福。逆運之中。非無意外之獲。順運之中。亦有挫跌之虞。一時休咎。不足爲吉凶之定論。試舉例證之。

乙丑　24 戊寅　甲木生四月。官傷並透。必以丑宮溼土。化傷生官爲用。
官 辛己　34 丁丑　夏木忌燥。丑中有癸水正印。潤土生金。辛金以丑爲庫。
甲午　喜用有情。更得己丑一合。引而近之。其用才化傷生官

傷丁卯

當無可疑。此爲吳漁川君命造。庚子拳亂。乘輿西狩。在懷來縣接駕者也。戊運晦火存金。獲意外知遇。以知縣分發河南。寅運非吉。丁運更劣。然懷來接駕。正在丁運中。適逢流年庚子。乙庚相合。生助官星。所謂甲以乙妹妻庚。凶爲吉兆是也。子冲午。以喜神冲去忌神。因流年之吉。風雲際會。由一知縣特賞觀察。其時岑春煊以督撫資格護駕。總理粮台。而吳奉特旨爲之副。其煊赫開知縣階級之新紀錄也。吳之知遇。固由接駕。而吳之妻曾出自湘鄉。嫻習宮儀。太后之青睞。深得妻力。然子午冲在妻宮。卽於是年尅妻。其爲福爲禍。已難言之矣。從此之後。爲在朝親貴所忌。以其簡在帝心。迴鑾之後。特簡之爲廣東某處道。有意遠之。使其名不上聞。積久漸忘。從此浮沉宦海。無聲無臭。鬱鬱十餘年。（丑運約在山東巡道任上）直至民國初年。依然故我。以命運論。固無驗而有驗也。然丁運而劣。何以有此際遇。卽事後言之。猶不信也。此命運之難言者三。

人生原來之福命有厚薄。交入佳運。能否享受。爲一問題。更舉例證之。

壬午　10戊申　丙火怕弱。丁火怕旺。丁火生六月。火旺土燥。必以壬水

丁未　20 己酉
丁未　30 庚戌
庚戌　40 辛亥

爲用。壬水六月無氣。必以庚金發水之源。才生官旺。此一定之法。壬水在年上。承祖蔭。庚金在時。四十之後。漸轉佳運。無如庚壬皆無根。一生最盛之運。在亥壬十年。至辛運中。流年乙丑。突中暑逝世。則是原命福澤欠缺。不足以當之也。所以有命無運。不能發達。有運無命。亦難發達。甚矣命運之難言也。此其四。上造爲有運無命。故將交好命。遽爾不祿。至於有命無運者。更數見不鮮。庸庸碌碌。一事無成。雖然。勿輕視此無運之命也。有此人在。雖無作爲。而安富尊榮。一家之人。均在蔭庇之下。一旦不祿。立見蕭條。其繼承人雖才勝運佳。而無其命。即不足以支持門庭。世之破家敗業者。豈盡是荒唐無識之人哉。故有幼年劣運而家庭鼎盛。中年之後。運雖順利。而不勝今昔之感。此命運之難言者五。近年以來。交易所之起落尤劇。初入場而失敗。小懲大戒。知難而退。其失敗也。實爲福之基。初入場而小勝。膽壯志驕。一朝失足。噬臍無及。破產不足以償。其初之勝利。實禍之胎。譬如父兄溺愛。養成子弟驕惰之習。父兄嚴厲。成就子弟有用之材。其理一也。然此可爲知者道。難爲一般人言也。

論命運轉移

命運非不可轉移。但絕對非讓解之謂。環境變更。命運自轉移矣。命理以五行爲根據。五行者。四時之氣候也。春日陽和。秋日晴爽。溫度雖同。而春氣秋氣。截然有異。此人人所能體會而知也。桃李之華。經春始發。若換其氣候。置之溫室之中。秋冬亦華。置之冷氣之室。春夏亦槁。人亦如是。環境改換。命自轉移。茲將予所經歷者紀之於下。

友人某君介其友來評命。問有無子息。予觀其造。用神爲月令財星。時上財星入墓而透梟印。子必艱難。然其友年已五十餘。望子情殷。因告之曰。如能大破其財。一子終老。財庫不破。難望得子。事後友人告予。此君近年來地產損失至鉅。幾破其家。甫於去年得一子。此命運轉變之一道也。語云能與貧人共年歲。必有明月生蚌胎。某君之轉變環境。惜其造因爲出於不得意。若能專心爲之。或更進一層。出於無心爲之。則其所獲之果。當非始願所及也。

又友人某君。民國初年。曾爲顯宦。擁資百萬。在海上置有地產甚鉅。予觀其命。至去年歲運並逆。命盡祿絕。又取其兩子之造觀之。是年皆見刑尅。以爲萬無幸免之理矣。無如近年地產落價。損失過半。壽命居然無恙。此又一命運轉變也。

轉變之原因有二。必須認淸。(一)原命福祿極厚。因外來不可抗力之打擊而致損失。並非自己過失。若投機揮霍致傾其家者。無轉變可能。(二)損失之程度。須改變環境。如向住洋房者。洋房住不起。向坐汽車者。汽車坐不起。至此程度。命運乃有轉移之可能。莊子云。天之生物也。予之齒者奪其角。予之翼者兩其足。譬如蝗蝻之卵。在大水之年。悉化爲魚蝦。外境變易。其福命所應享受者亦變也。

以上爲福命所固有。奪此易彼耳。若貧變爲富。爲福命所本無。其事至難。據予所聞一事。確有轉變之道也。

南洋某鉅商。昆仲二人。少年時遺產數十萬。揮霍殆盡。貧不能自存。其家固大族。多富有。憫其淪落。適有香港某烟廠召盤。因集資十萬。令經營之。原所以安插之也。不兩年資又告罄。負債累累。時適大水災。香港固海國。水來也至驟。其去也至速。不急救。人民盡爲魚鼈。某兄弟自念公司不能支持。遲早必出於倒閉。同一虧累。何不孤注一擲。雖破產猶留急公好義名。其時內容未洩。牌面猶佯。金融活動。爰盡罹港中各大小船隻以救災民。辦急賑。不數日水退。全活者無算。是時昆弟二人固已靜待控訴。準備嘗鐵窗風味矣。豈意從此之後。某公司之名大振。所出品之烟捲。通銷海內外。是年大獲盈利。盡恢復其所失。不十年積貲數千萬。此轉貧爲富也。

轉移之機。至捷至微。非有破家捨命之決心。不能有旋乾轉坤之力量。此袁宏道所以有立命之說也。尋常舉動。非無因果。特其所施之因。九牛一毛。則其所得之果。亦微乎其微。不能有所感覺。欲其轉移環境。挽回厄運。又烏可得乎。佛家因果之說。至爲精微。貧人一絲一粟。感大福報。富人千金萬金。果至微細。何者。貧人一粟。生命所係。富者千金。未感痛癢。由此可知轉移命運。貧人富人。平等不等。非捨棄私人利害之觀念。不可得也。

外格詮釋

胞胎格。　日祿歸時格。　子遙巳格。丑遙巳格。　拱祿拱貴格。　六乙鼠貴格。

刑合格。　專食合祿格。專印合祿附。　六辛朝陽格。　飛天祿馬格。倒冲祿馬附。

井欄叉格。 六甲趨乾格。六壬趨艮附

胞胎格。

元通賦。胎生元命無財星。爲赤子承恩之寵。

喜忌篇。凡見天元太弱。內有弱處復生。又云五行絕處。卽是胎元。生日逢之。名曰受氣。

繼善篇。金逢艮而遇土。號曰還魂。水入巽而見金。名爲不絕。

按胞胎格。爲甲申庚寅兩日。而癸巳丁亥。亦可附入五行臨於絕處。而坐下正印長生。爲絕處復生。但生機甚微。非有印透。不能作用。忌見財破印。與印綬格同論。既見印透。不作從論。然三命通會所引乙酉、乙酉、乙酉甲申一造。乃是納音長生。若以子平法論之。乙木無根。甲申在時。印星不透。眞詮列入從煞。不作胞胎論也。實業家冼冠生氏命造。正合此格。列下。

戊子　庚金臨寅絕地。戊土長生於寅。透出時干。庚金受氣。月垣之傷官
癸亥　生才。方能任之。否則。身弱食財兩旺。當爲富屋貧人。何能爲大實
庚寅　業家乎。滴天髓云。甲申戊寅，是爲煞印相生。庚寅癸丑、亦是煞印

戊寅　兩旺。正此意也。

日祿歸時格。

明通賦。日祿歸時沒官星。號靑雲得路。（喜忌篇同）繼善篇。時歸日祿。生平不喜官星。

元理賦。歸祿得財而獲福。無財歸祿必須貧。

眞寶賦。祿逢財印。靑年及第登科。歲運刑冲官煞逢之不妙。

金聲玉振賦。歸祿愛財星。見官則損壽。

按日祿。比刧也。用在歸祿。不可破祿。卽用神不可損傷之意也。見官煞損祿。爲破格。凡身弱者。或喜印綬滋生。或喜比刧扶助。若月令官星旺。或食傷旺。均喜印綬制化。並以滋身。比刧雖能幫身。不及印綬一得三用也。此格獨以歸祿爲重。必祿月令財旺。觀元理賦金聲玉振賦句而益明。至於身旺用官。身弱用印。皆非歸祿格。如明通賦有云。建祿坐祿或歸祿。財官印綬富貴長年是也。現代名人如鹽業領袖某鉅商命造。正合此格。

癸酉　月垣財旺而透。日支坐財。年支酉金亦生才。時干丁火。又爲癸水

癸亥　遙制。日元所恃。僅時支巳祿。運行比刼之鄉。頓成鉅富。印運雖佳。
戊子　癸財回剋。不免剝雜多事矣。喜忌篇舊註云。歸祿格最要日干生
丁巳　旺。並行食傷之鄉。可發福。僅說得一邊。原局日干生旺。宜食傷之
鄉。原局財旺。則宜身旺之地。非可一概論也。明通賦萬註亦同。又四言獨步云。
日祿居時。青雲得路。月令財官。遇之吉助。又云。庚日申時。透財歸祿。名利高强。
比肩奪福。亦係指原局日干生旺而言。若日祿歸時而官煞旺。四柱無印。不得
已而用祿。亦非此格。如友人某君命造。

壬辰　八字雖恃時祿幫身。仍須通關用印。以行印地爲最美。比刼運雖
壬子　可幫身敵煞。不免官煞回剋。（參觀真詮評註拘泥格局節）水火
丙申　相爭。少調和之用。故歸祿見官煞損祿。爲破格也。
癸巳

總之用神以合於日元需要爲第一義。財旺而得時祿幫身。合於需要矣。故云
青雲得路。若見官煞。則以官煞論。滿盤食傷。可作順局從兒論。均非此格也。

子遙巳格（丑遙巳附）。

明通賦。甲子日逢子時。沒庚辛申酉丑午。謂之祿馬飛來。辛癸丑合巳。官須嫌子巳。

喜忌篇。甲子日再逢子時。畏庚辛申酉丑午。又辛癸日多逢丑地。不喜官星。歲時逢子巳二宮。虛名虛利。

眞寶賦。子丑遙合巳宮。柱印財而爲極寶。歲運若無輔佐。登卑秩而坐寒氈。

金聲玉振賦。子遙巳。丑遙巳。亦以財印相成。

按子丑遙巳。皆嫌印星太重也。甲以子水爲印。辛以丑土爲印。癸以丑中辛金爲印。凡滿盤印綬之局。看法有二。見滴天髓徵義反局。一原局財輕有根。以財破印爲用。君賴臣生是也。一原局無財。或財微無根。不能作用。只能順母之性。助其子。母慈滅子是也。二者皆忌見官煞。用財忌官煞洩財生印。無財忌官煞助母滅子。與子遙巳格忌庚辛申酉。其理正合。至於忌丑午、忌子巳者。以其合冲混局也。遙巳者。謂遙合巳中丙戊也。癸祿於子。戊祿於巳。子巳相合也。辛癸合丙戊。丑與巳會而巳中丙戊。遙合丑中辛癸。自有可能之性。凡以遙合爲用者，非僅一二地支相合。必須四柱四支。或冲或刑。同集合於一點。衆矢一鵠。盧位以待。自有遙合之可能。此以虛神為用。等於局中微根。若填實則或合而化。或明見剋制。反不能為用。此遙合之意也。最可笑者。為神峯通考之格解。其釋子遙巳格。謂取子中癸水。搖動巳中戊土。戊土動丙火。丙火合辛金。甲木得辛金為官星。迂迴曲折。與笑林所載太子太保東閣大學士隔壁豆腐店王阿奶何異。以遙改作搖動之搖。追未知子巳本有相合之義也。遙合必須全局支神集矢於一點。可以舊造證之。如

己亥　　子合巳。亥冲巳也。為古錢丞相造。冬水秉令。水旺木浮。巳土為乙
乙亥　　木所制。不足以止水。此造似當作母慈滅子看。以順其勢為美。
甲子
甲子

丙寅　　子合巳。寅刑巳。辰巳同為巽宮也。三月戊土秉令。寅中戊土長生。
壬辰　　丙火為助。印雖旺。土足以制之。乃君賴臣生之理也。
甲子

甲子

右兩造皆錄自神峯通考。命理書中。以神峯爲最淺陋。謬誤可嗤。子平集腋。論之已詳。所引命造。亦不盡合。茲特借作引證耳。

拱貴拱祿格

明通賦。拱貴拱祿爲將相。忌刑沖塡實之凶。

喜忌篇。拱祿拱貴。塡實則凶。

景鑑云。拱祿拱貴純粹者王侯之倫。塡實者虛名虛利。無財印。不喜傷害。忌官煞。不怕空亡。

按祿爲日元之祿。貴爲官星或天乙貴人。兩支拱夾祿貴。八字中所常見。何足爲貴。子平法以日爲主。尤以日干爲主要。若僅有兩支拱夾。則與日干不發生密切關係。於全局亦無相連之關係。何足以成格。必須兩支拱夾而天干相同。或天干暗合。衆矢一鵠。集於一點。全局向往於一神。則此虛神自有可用之道。天干暗合者。如丑遙巳格。只取辛丑癸丑兩日。以辛合丙爲官。丙祿在巳。而丑合巳。癸合戊爲官。戊祿亦在巳。而丑合巳。此日元暗合也。天干相同者。如明通賦。萬註中所引一造。如下。

壬子　巳未拱午祿。天干皆丁。原註云。「年支子字。冲出午祿。故大貴。」
丁未　是有未字合住午字。拱祿格以成。
丁巳
丁未

現代名人中如黃郛命造。正合此格。

庚辰　92 壬午　丙火暗合辛金正財。辛祿在酉。申戌夾拱酉金。爲日元
己卯　36 癸未　之天乙貴人。卯冲出酉貴。而辰合住酉字。天干戊己生
丙申　49 甲申　之。庚金爲引。全局集於一點。格局之眞。毫無缺憾。申戌
戊戌　59 乙酉　夾酉。解卯申之合。才不破印。以月令正印爲用。運行癸

未。官星解才印之爭。未合卯印。貴爲內閣。甲木偏印破傷。復任北方政委主席。爲國家重望。更有奇者。申中暗冲寅。戌寅卯辰東方。戌合住寅字。印之虛神亦不弱。寅爲丙火長生之地。與申酉戌。一東一西。遙遙對峙。謂爲大方面之拱夾。亦無不可。其佳處不僅拱貴一端也。又按此造極不易看。丙臨申位病地。坐下財

又破印。書籍所載。僅金聲玉振賦。有云。丙臨子申。戊當頭而貴擬王謝一句。何所取義。殊不可解。細研究之。方知丙日遁干。有戊子戊戌兩時。丙申日戊子時。爲前後貴擁。丙貴在酉。戊貴在未。夾擁日元。若戊戌時。更爲聯珠夾貴。（丙申丁酉戊戌相連。爲眞夾拱也）丙子日戊子申時。亦同。丙貴在亥。戊貴在丑。前後貴擁。唯少一重夾拱。不如丙申戊戌爲眞。然此不過爲精粹貴氣之一端。丙臨申位。不能無卯印。印旺秉令。貴氣方可用。格局地位。格外增高。否則。雖有貴氣。而本身不足以當之。亦無益也。外格均當作如是觀。一造壬寅、丁未、丙申、戊戌。土重身輕。爲乞丐而死。見窮通寶鑑六月丙火節。

六乙鼠貴格。

明通賦。陰木獨遇子時。沒官星。乙鎮鼠窠最貴。

喜忌篇。陰木獨遇子時。爲六乙鼠貴之地。

眞寶賦。鼠貴帶食資印。曜薇垣。潘省。柱有官煞。貧窮下賤。運途不喜刑沖。

金聲玉振賦。六乙鼠貴。愛見食神。

按六乙鼠貴者。食傷印綬才星不相礙以成格也。日元恃印綬滋生。而印綬臨

天乙貴人。六乙遁干爲丙子。傷官在干。印綬在支。不相礙也。然此類格局。全在干支配合適宜。稍有雜礙。不作貴取。如

甲寅　月垣財星秉令。丙火向旺。才得傷官生之。甲木雖幫身而爭才。乙
戊辰　木恃子印爲泰山之靠。隱然有貴人護之。子辰會合化財爲印。財
乙亥　印不相礙。宜其貴也。
丙子

甲寅　月令七煞喜其不透。生印而不剋身。若干透煞。則格局全破矣。然
癸酉　丙火退氣。癸水剋之。配合遠不及上造。原註謂賴日下印旺。不失
乙亥　衣祿。諒哉。
丙子

辛亥　子午冲。印食冲突。七煞透。剋洩交集。配置失宜。貧賤之造也。
甲午

乙亥
丙子
丁巳　正月乙木本旺。子印潤其根。丙火洩其秀。運行食神生旺之方。焉
壬寅　得不貴。

右三造皆錄自三命通會。又星平會海所載一造。較此爲眞。

乙卯
丙子

觀此數造。六乙鼠貴之成格破格。可以悟矣。

刑合格

明通賦。六癸日而無干土。得甲寅時。寅刑巳格尤奇。

喜忌篇。六癸日時逢寅位。歲月怕戊巳二方。

按刑合格。以癸日暗合戊土。戊祿於巳。而時逢甲寅。以寅刑巳以成格。似與遙巳相同。以虛神爲用。其實皆假名而巳。遙巳爲財印相成。刑合爲傷官洩秀。星平會海詩斷云。六癸生人時甲寅。假名刑合亦非眞。月令若加亥子位。傷官格

內倒推尋。可見傷官爲用。假名刑合耳。用傷官故忌見戊巳官煞。及印綬奪食。所謂忌巳塡實者。巳爲戊土祿地。庚金生地也。以舊造證之。

乙未　節度使　　丁亥　沈路分
癸未　　　　　　癸卯
癸亥　　　　　　癸卯
甲寅　　　　　　甲寅

右兩造皆順局從兒。若癸水得局歸垣。則以傷官爲用。

庚午　月令印綬。傷官太重。寅申相冲。白衣終老。（右錄會海）
甲申
癸卯
甲寅

乙未　月令金水。癸酉日元坐印。身旺傷官洩氣。寅申相冲。用神有病。利
甲申　厚名低。（右錄通會）

癸酉
甲寅

此兩造皆月垣印綬秉令。印制傷奪食。金木相爭也。前兩造爲成格。後兩造爲破格。則其所謂成與破者。亦可知矣。名爲刑合巳中戊土以成格。其實並非以戊土處神爲用也。

專食合祿格。

明通賦。庚申時逢戊日。無甲丙卯寅午丁。名曰食神健旺。

喜忌篇。庚申時逢戊日。名食神干旺之方。歲月犯甲丙卯寅。此乃遇而不遇。

古歌云。申時戊日食神奇。最喜秋冬福有餘。

按此格原文甚明。只取時上食神爲用。因合祿兩字。發生誤會。乃有庚合乙。爲戊土官星之說。要知乙木見庚。官化爲傷。決不能用官。特格局必須純粹方能取貴。若時上專食。（庚申食神臨祿。故名專食。）而歲月見甲乙。支又逢寅卯。則官煞通根。傷官見官格局混雜也。用之爲食不可奪。若歲月丙丁。支逢寅午。則印旺奪食也。其爲遇而不遇。乃當然之事。喜秋冬者。食神財星當旺之時。用神得時也。但原局戊土。必須臨旺。食強喜洩。方能專用食神。運行財地爲美。若身弱則須印刼扶身。官煞固忌。而印之忌否。須看局勢而定。證以星平會海兩造可知。

壬午　史春芳造。並不忌午。好在戊午臨旺。方能用食神。
己酉
戊午
庚申

甲辰　許澹庵造。不但丙寅不忌。甲亦不忌。蓋有丙化煞也。且天干順食。
丙寅　宜乎富貴並全矣。
戊戌
庚申

近人命造。如趙恒惕合此格。惜身弱。子旺母虛。
庚辰　24辛卯　宜作順局從兒看。一生惟壬辰運爲最美耳。

戊子 34 壬辰
戊子 44 癸巳
庚申 54 甲午

更有專印合祿格。明通賦云。癸無丙火戊巳。庚申時合一已之財官。取印爲用也。與專食同。

六辛朝陽格。

明通賦。六辛日而無午字。得戊子時。辛合丙官爲貴。

喜忌篇。六辛日時逢戊子。嫌午位。運喜西方。

繼善篇。陰若朝陽。切忌丙丁離位。

眞寶賦。朝陽帶印資馬宿。靑瑣黃門。柱無財印。職居民牧。歲運最嫌塡實。又萬。

註云。「朝陽帶印。淸朝達士。財星資助。非靑瑣之榮。卽風紀之任。柱無印財多。居民牧。職守專城。」

金聲玉振賦。六陰朝陽。何妨肩刼。

按六辛朝陽者。用在時上子水食神也。日元臨旺。月令建祿。或印綬秉令。無可取用。身旺喜洩。而恰得時上子水。洩其秀氣。故以成格。（見官煞另作官煞看。不以此論。）凡成格必有成之因。四柱純粹。日元需要之物。適來爲用神配合恰好。故同爲用食用才。而合格者獨爲貴取也。證以下列各造而益信（錄自三命通會）

戊辰　古王
辛酉　太尉
辛丑　造
戊子

戊辰　古張
辛酉　知縣
辛酉　造
戊子

乙丑
庚辰
辛酉
戊子

明其原理。則其成格與否。以及喜忌。均顯然可見。忌丙丁者。用在食神。忌見官煞也。離位者午也。官煞旺地。來冲用神也。神峯以巳午未南方爲離位。殊誤。巳巽宮。未坤宮。均非離位也。原局如兼帶財印。須地位隔離。財印不相礙。運行食傷財地爲美。肩刼者比肩刼財。卽西方也。用在食傷。不忌比刼也。

神峯所引王郡主造。

己未　此造未爲子害。不若前三造之純。喜其運行西方。補其缺點。若以

辛未　其貴為郡主。卽指為未字不忌之證。未免理由薄弱耳。繼善篇。朝
辛未　陽生於季月。可稱印綬。其意明謂印綬與食神相礙。朝陽破格。非
戊子　格之純也。（生於季月兩句。今本無之。見神峯註。想係傳抄脫誤。
今昔本有詳略不同也。如繼善篇丙臨申位。逢陽水難獲延年。月逢印
綬。則安富尊榮。月逢兩句。僅三命通會本有之。別本皆缺此兩句。）

總之朝陽格以身旺月令得局歸垣為第一義。近見一造。壬辰、辛亥、辛酉、戊子。月令傷官透出。失局失垣。不足為貴。又如一造。戊戌、庚申、辛酉、戊子。子申會局。破格。一貧農耳。非定須見丙丁離位。始為破格也。又如丁酉、丙午、辛酉、戊子。見丙丁官煞。以戊土晦火存金為用。亦非朝陽格也。

飛天祿馬格

明通賦。庚壬子沖午祿。切忌丙丁。丙午丁巳准此。最忌刑沖。壬子癸亥例同。亦防塡實。

喜忌篇。若逢傷官月建。知凶處未必為凶。內有正倒祿飛。忌官星亦嫌羈絆。

眞寶賦。倒沖帶印遇財食。早歲成名。又云。倒沖帶印。早歲成名。財神兼資。身近

丹墀。

按倒冲取其虛神爲用。前巳言之。必須天干相合。而四柱地支。或合或冲。衆矢一鵠。集於一點。方有意義可言。三命通會云。柱中要有一字合住祿馬。方不走了貴氣。卽此意也。若支多卽以倒冲爲格。未免淆亂耳目。不如捨格論用。以清濁純雜分貴賤。較爲合理矣。或者古人不洩玄機。故作疑城。亦未可知。證以星平會海所引入格舊造。喬丞相造丙子。丁酉。庚子。丙子。蔡貴妃造。巳未。丙子。庚子。丙子。此兩造乃金水傷官。用官調候也。魯尚書造。壬子。壬子。壬子。甲辰。此水木傷官也。好在辰字止水。成反生之功。子平眞詮以蔡妃造列入傷官格。捨格局不談。非無見也。又明代王守仁造。相傳爲倒飛天祿馬格。壬辰。辛亥。癸亥。癸亥。亦是水木傷官。特氣勢旺而純。自爲貴徵。至於兩乞丐命。壬子。壬子。壬子。丙午。午字塡實破格。戊寅。癸亥。癸亥。癸亥。官星塡實破格。其實前一造。水火相爭。無木調和。（食傷）後一造水土混濁。無金調和。身旺用才而無食傷爲轉樞。用官而無才爲生助。不必以塡實破格爲言。卽知其爲貧窮下賤之命也。冲合虛神非不可用。特極不易遇。近代名人如前北洋總統曹錕命造合此格。

壬戌　29乙卯　子冲午祿。戌暗會午字。運行南方。領袖北洋。貴爲總統。
壬子　39丙辰　至戊午塡實而下野。參觀古今名人命鑑。
庚子　49丁巳
丙子　59戊午

凡暗冲必須虛神籠罩。方有意義。如一造。

辛未　午戌拱寅。不見寅。而寅宮甲丙戊幷透天干。虛神籠罩。雖不見寅。
甲午　不啻有一寅字在。申暗冲寅。格成炎上。運至寅。冲去申金。格局完
丙申　備。富貴並全。運至北方而失敗。此亦暗冲之一格。非支神對冲多。
戊戌　卽可以爲用也。

按此造爲炎上格。非飛天祿馬。因論暗冲。附誌於此。

井欄叉格。

明通賦。庚日全逢潤下。忌壬癸巳午之方。時遇子申。其福減半。喜忌篇同。

眞寶賦。欄叉得印祿之相助。官居輔袞阿衡。火劫兼歲運之不和。反作貧窮而下賤。又云飛祿欄叉兼印綬。必爲昭代名公。

按井欄叉爲飛天祿馬之變。飛祿以庚日子字多。暗冲午宮爲用。井欄叉以庚日中子辰全。暗冲寅午戌火局爲用。其實皆傷官格。四柱純粹。所以取貴也。傷官喜行財地。而忌官煞。特金水傷官生於秋冬。喜火調候。丙丁及巳午未是否爲忌。極有研究之價値也。星平會海詩斷。局中有火方成貴。破動提綱禍亦臨。又云丙丁巳火休相遇。申子辰宮全乃佳。兩說矛盾。三命通會格解。王都統造。庚子、庚辰、庚申、丁丑。原註丁卯年戌邊。得十次官誥。自庚子至丁卯年。歷念八載。則其在南方午未運中可知。又尹鳳造。癸未、庚申、庚申、庚辰。原註行東方運。所以官顯。此兩造原局皆有火爲根。星平會海郭統帥造。戊子、庚申、庚申、庚辰。魏待詔造。庚子、甲申、庚子、庚辰。此兩造原局皆無火。大致原局有火。宜取火調候。南方爲美。原局無火。只能順其旺勢以爲用。火地逆其氣勢爲忌也。至於財地。不論官星之有根無根。同爲食傷格所喜。近代名人如張勳命造。合此格。

甲寅　28巳卯　原局有丙火透出。運行巳壬。威震北方。辮帥之名。婦孺
丙子　38庚辰　咸知。一至午運破動提綱。而有復辟之禍。可見格局以
庚申　48辛巳　清純爲貴。而喜忌移步換形。未可拘執也。

庚辰　58　壬午

六壬趨艮六甲趨乾格。

眞寶賦。六壬趨艮。透財印以爲奇。官煞相侵。反貧窮而下賤。六甲趨乾，喜財印而位重名高。歲運沖刑。併煞官而災興禍至。

金聲玉振賦。壬趨艮。甲趨乾。須以財印助福。

按乾、亥宮也。艮、寅宮也。六甲趨乾。印逢生旺。六壬趨艮。才官生旺。憑此一點。豈能便作貴徵。書載亥合寅爲甲之祿。寅合亥爲壬之祿。明祿未便爲貴。暗祿寧足恃乎。要之須看四柱之配合。藉財印以資扶（參閱日祿歸時）可知亥見寅。未可便謂成格也。茲分疏之。如六甲趨乾。相傳新安伯造爲入格。

戊辰　月時二亥。日元臨子。印旺木浮。藉年上戊辰才星損印。以成反生
癸亥　之功。卽滴天髓所謂君賴臣生是也。若財旺而印輕。則以印合祿
甲子　爲用。或有可取之道耳。
乙亥

六壬趨艮。相傳入格之造。爲壬寅。壬寅。壬寅。壬寅。壬水無根。而寅中甲木祿旺。

丙火長生。乃滴天髓之順局從兒格也。

食神生才。四柱清純。富而且貴。喜行才地。壬騎龍背格之寅多爲富。與此同論。然而用神之取。移步換形。如壬水通根。卽不能以從論。未可以時逢壬寅。便作一例看也。近代如張宗昌命造。合格。（參閱古今名人命鑑）

壬午　21乙巳　天干一氣。三位同旬。力量更足。丙午丁十五年。開府專
壬寅　41丙午　闖。富稱敵國。一交未運。孫又生兒。一敗塗地。至戊申冲
壬寅　41丁未　破寅宮。遭仇殺斃命。總之八字之富貴貧賤。全在格局
壬寅　51戊申　清濁。用神眞假。此類八字。可以格清用眞四字概括看

之。趨乾趨艮。不免故示玄妙也。

上列十種格局。爲普通所常見者。聊供鄙見。極願海內知命君子。有以教之。格局之中。如夾財拱貴。地位次序。配合適宜。氣勢團結。爲八字中一種優點。似不足以成格。又如獨水三犯庚辛。（孔財長造）丙臨申位逢卯等等。乃是一種看法。屬於干支配合。亦非所以論格局。均應另列一類。方不致混淆耳目也。

東海樂吾氏

命理潤例

通訊研究　每造拾元
潤資先惠　七日回件
親友介紹　減收半潤（憑介紹券亦可）
挨次批覆　不限日期
細批流年　恕不應命
空函不覆　面談謝絕

中華民國二十四年　月　日重訂

通訊處　靜安寺路一一二二弄九號
電話　三　四　八　二　一

質疑潤例

每一問題　國幣伍角
解釋疑義　不涉休咎
郵費在內　空函不覆

介紹券例

憑券介紹　面談兩元
略批兩元　質疑免費
有券為限　無券謝絕

介紹券

姓名　　　　籍貫

職業

年月日時

回件地址

發信月日

乾乾書社贈品

說明　每券限用一人照上列開明連同潤洋郵匯掛號逕寄東海棠香氏收七日回件仍由郵局掛號寄回不誤如約期來取請於券中回件地址下註明

匯款請指定靜安寺路郵局・或戈登路・西摩路・郵局付給・

民國二十六年正月出版

滴天髓補註（全四卷）附子平一得

（定價一元）

版權所有
不准翻印

補註者　東海樂吾氏

發行者　乾乾書社
上海靜安寺路一一二三弄九號
電話　三四八二一

印刷者　精　益　號

占筮類			
1	擲地金聲搜精秘訣	心一堂編	沈氏研易樓藏稀見易占秘鈔本
2	卜易拆字秘傳百日通	心一堂編	
3	易占陽宅六十四卦秘斷	心一堂編	火珠林占陽宅風水秘鈔本
星命類			
4	斗數宣微	【民國】王裁珊	民初最重要斗數著述之一；未刪改本
5	斗數觀測錄	【民國】王裁珊	失傳民初斗數重要著作
6	《地星會源》《斗數綱要》合刊	心一堂編	失傳的第三種飛星斗數
7	《斗數秘鈔》《紫微斗數之捷徑》合刊	心一堂編	珍稀「紫微斗數」舊鈔秘本
8	斗數演例	心一堂編	
9	紫微斗數全書（清初刻原本）	題【宋】陳希夷	斗數全書本來面目；有別於錯誤極多的坊本
10－12	鐵板神數（清刻足本）——附秘鈔密碼表	題【宋】邵雍	無錯漏原版　秘鈔密碼表　首次公開！
13－15	蠢子數纏度	題【宋】邵雍	蠢子數連密碼表　打破數百年秘傳　首次公開！
16－19	皇極數	題【宋】邵雍	清鈔孤本附起例及完整密碼表　研究神數必讀！
20－21	邵夫子先天神數	題【宋】邵雍	附手鈔密碼表　研究神數必讀！
22	八刻分經定數（密碼表）	題【宋】邵雍	皇極數另一版本；附手鈔密碼表
23	新命理探原	【民國】袁樹珊	子平命理必讀教科書！
24－25	袁氏命譜	【民國】袁樹珊	
26	韋氏命學講義	【民國】韋千里	民初二大命理家南袁北韋
27	千里命稿	【民國】韋千里	
28	精選命理約言	【民國】韋千里	北韋之命理經典
29	滴天髓闡微——附李雨田命理初學捷徑	【民國】袁樹珊、李雨田	命理經典未刪改足本
30	段氏白話命學綱要	【民國】段方	民初命理經典最淺白易懂
31	命理用神精華	【民國】王心田	學命理者之寶鏡

32	命學探驪集	【民國】張巢雲	發前人所未發 稀見民初子平命理著作
33	澹園命談	【民國】高澹園	
34	算命一讀通——鴻福齊天	【民國】不空居士、覺先居士合纂	
35	子平玄理	【民國】施惕君	
36	星命風水秘傳百日通	心一堂編	
37	命理大四字金前定	題【晉】鬼谷子王詡	源自元代算命術
38	命理斷語義理源深	心一堂編	稀見清代批命斷語及活套
39-40	文武星案	【明】陸位	失傳四百年《張果星宗》姊妹篇 千多星盤命例　研究命學必備
相術類			
41	新相人學講義	【民國】楊叔和	失傳民初白話文相術書
42	手相學淺說	【民國】黃龍	民初中西結合手相學經典
43	大清相法	心一堂編	重現失傳經典相書
44	相法易知	心一堂編	
45	相法秘傳百日通	心一堂編	
堪輿類			
46	靈城精義箋	【清】沈竹礽	沈氏玄空遺珍 玄空風水必讀
47	地理辨正抉要	【清】沈竹礽	
48	《玄空古義四種通釋》《地理疑義答問》合刊	沈瓞民	
49	《沈氏玄空吹虀室雜存》《玄空捷訣》合刊	【民國】申聽禪	
50	漢鏡齋堪輿小識	【民國】查國珍、沈瓞民	失傳已久的無常派玄空經典
51	堪輿一覽	【清】孫竹田	
52	章仲山挨星秘訣（修定版）	【清】章仲山	章仲山無常派玄空珍秘 門內秘本首次公開 沈竹礽等大師尋覓一生未得之珍本！
53	臨穴指南	【清】章仲山	
54	章仲山宅案附無常派玄空秘要	心一堂編	
55	地理辨正補	【清】朱小鶴	玄空六派蘇州派代表作
56	陽宅覺元氏新書	【清】元祝垚	簡易・有效・神驗之玄空陽宅法
57	地學鐵骨秘　附　吳師青藏命理大易數	【民國】吳師青	釋玄空廣東派地學之秘
58-61	四秘全書十二種（清刻原本）	【清】尹一勺	玄空湘楚派經典本來面目 有別於錯誤極多的坊本